Ludwig Baur

Berichte des Hessen-Darmstädtischen Gesandten J. E. Passer an die LGR E. Dorothea

Über die Vorgange am kaiserlichen Hofe und in Wien von 1680 bis 1683

Ludwig Baur

Berichte des Hessen-Darmstädtischen Gesandten J. E. Passer an die LGR E. Dorothea

Über die Vorgange am kaiserlichen Hofe und in Wien von 1680 bis 1683

ISBN/EAN: 9783743432901

Hergestellt in Europa, USA, Kanada, Australien, Japan

Cover: Foto ©ninafisch / pixelio.de

Manufactured and distributed by brebook publishing software (www.brebook.com)

Ludwig Baur

Berichte des Hessen-Darmstädtischen Gesandten J. E. Passer an die LGR E. Dorothea

VI.

BERICHTE

DES

HESSEN-DARMSTÄDTISCHEN GESANDTEN

JUSTUS EBERH. PASSER

AN DIE

LANDGRÄFIN ELISABETH DOROTHEA

ÜBER DIE

VORGÄNGE AM KAISERLICHEN HOFE UND IN WIEN

VON 1680 BIS 1683.

MITGETHEILT VON

D^R. LUDWIG BAUR,
GROSSHERZOGLICH-HESSISCHEM ARCHIVS-DIRECTOR.

Während der Minderjährigkeit des Landgrafen Ernst Ludwig von Hessen-Darmstadt (geboren 15. November 1667, gestorben 12. September 1739) führte, und zwar vom 31. August 1678 an, dessen Mutter, die Landgräfin Elisabeth Dorothea, Tochter des Herzogs Ernst des Frommen von Sachsen-Gotha (geboren 8. Jänner 1640, gestorben 24. August 1709), die Regierung, und zog sich erst, nachdem sie ihren Sohn nicht nur längst mündig, sondern auch vermält sah, im Jahre 1688 von den Geschäften zurück. Sie war eine Fürstin von hervorragenden Geistesgaben, grosser Energie, und für das Wohl ihres Volkes, wie für das Ansehen und die Grösse ihres Hauses in hohem Grade thätig.

Vielfache Sorgen verursachten ihr mehrere, damals bei dem Reichshofrathe in Wien anhängige Processe von grosser Wichtigkeit, welche einen für den Landgrafen entschieden ungünstigen Verlauf genommen hatten. Sie hielt es nach reiflicher Überlegung für das Rathsamste, desshalb an das kaiserliche Hoflager einen Mann zu senden, welchem nicht nur ausgezeichnete juristische Kenntnisse zu Gebote standen, sondern der auch diplomatische Fähigkeiten und Geschick genug besass, um einen erwünschteren Fortgang dieser für die Verhältnisse des landgräflichen Hauses so sehr importanten Angelegenheiten herbeizuführen. Ihre Wahl fiel auf den Licentiaten der Rechte Justus Eberhard Passer, der von ihr zu ähnlichen Geschäften schon mit dem besten Erfolge verwendet worden war und dessen Familie seit längerer Zeit bereits in landgräflichen Diensten stand. Auch konnte eine bessere Wahl, wie der Erfolg bald zeigte, gar nicht getroffen werden, indem Passer eine für die damalige Zeit bedeutende Gelehrsamkeit besass und mit einer grossen Gewandtheit in Geschäften zugleich eine solche Feinheit des Benehmens verband, dass er sich in kurzer Zeit in den schwer zugänglichen Kreisen der hohen Aristokratie, sowie unter den einflussreichen Männern am kaiserlichen Hofe viele Beschützer und Freunde erwarb. So hatte er sich, theils durch gewichtige Empfehlungsschreiben, theils durch eigenes Geschick, bei vielen der vornehmsten Personen, z. B. dem Obersthofmeister von Lamberg, dem Reichshofraths-Präsidenten Fürsten von Schwarzenberg, dem Grafen Nostiz, den Reichshofräthen, dem Reichsvicekanzler Grafen Königseck, dem Hofkanzler Freiherrn von Hocher, dem Fürsten Dietrichstein, dem Grafen Sinzendorf u. A. Zutritt verschafft. Die Landgräfin, obwohl schwer in ihren Anforderungen zu befriedigen, zeigte sich daher auch mit den von ihm während seiner zweimaligen Sendungen an das kaiserliche Hoflager geleisteten Diensten überaus zufrieden und gab ihm dies schriftlich wie mündlich wiederholt zu erkennen.

Die erste dieser Sendungen geschah im Februar 1680 und dauerte bis zum Juni desselben Jahres; die zweite erfolgte im September 1681 und endigte erst im Juli 1683.

In den dem Licentiaten Passer ertheilten Instructionen war unter Anderem jedesmal vorgeschrieben:

„Alle Posttäge soll Er gewiß halten vnd anhero mit gutem Grund gebührend referiren, in was vor terminis vnsre negotia am Kayserlichen Hoff von zeiten zu zeiten beruhen, auch was sonsten in publicis in Sichere Erfahrung zu bringen, berichtlich vnd alle seine relationes zu vnsern fürstlichen eigenen handen zu- vnd überschreiben, weßwegen Er mit guter manier bey einem oder andern an den Cantzleyen u. s. w. Bekandschafft zu machen, Sodann im übrigen sich vigilant, Treu, verschwiegen, nüchtern, Mässig vnd dergestalt in seiner conduite verhalten, damit Ihme nichts ohngleiches mit fug nachgeredet werden vnd daßelbe zur disreputation gereichen möge. Auch wird Er dem Kayserlichen hoff, wan derselbe hinweggehet, zu folgen wißen."

Ausser seinen Instructionen wurden ihm auch Creditive an den Kaiser und Schreiben an die höchstgestellten Personen, sowohl von Seiten der Landgräfin als namentlich auch von Seiten des Kurfürsten von Sachsen eingehändigt.

Neben den Berichten nun, welche Passer instructionsmässig nach Darmstadt zu erstatten hatte, führte derselbe auch ein „Diarium", indem er in beide nicht nur seine dienstlichen Verrichtungen, sondern überhaupt Alles niederlegte, was ihm während seines Aufenthaltes am kaiserlichen Hoflager von seinen Erlebnissen, Beobachtungen und sonstigen Ereignissen bemerkenswerth erschien. Auf diese Weise tritt uns in diesen fortlaufenden handschriftlichen Aufzeichnungen eine Reihe von Bildern entgegen, welche den Blick in Kreise eröffnen, über die man damals nur selten etwas niederschrieb und auch das nur als Anhalt für die eigene Erinnerung. Es sind sonach weniger die politischen Begebenheiten, welche in diesen Aufzeichnungen ein Interesse gewähren und für welche ohnedies weit bessere Quellen vorhanden sind, als vielmehr gerade diese vielfachen, aus eigener Anschauung geschöpften und unter dem Eindrucke des Selbsterlebten niedergeschriebenen localen Nachrichten, die eine ungewöhnliche Bedeutung darbieten. Leider ist ein Theil der Scripturen, vielleicht durch den im Jahre 1715 stattgefundenen grossen Brand des Schlosses in Darmstadt, in welchem sich damals auch die landgräflichen Kanzleien befanden, verloren gegangen. Denn aus dem Jahre 1680 fehlt das Diarium, während die Berichte vollzählig sind, dagegen ist umgekehrt vom Jahre 1681 bis 1683 das Diarium vorhanden, während viele der Berichte mangeln. Es ist dies um so mehr zu bedauern, als sich beide nicht selten gegenseitig ergänzen. Indessen ist auch das, was noch jetzt vorliegt, immerhin reichhaltig und werthvoll genug, um diese noch völlig unbenutzte, bisher verborgen gelegene Handschrift, die gewiss Niemand in Darmstadt suchen würde, an das Tageslicht zu ziehen, so dass wir uns der frohen Hoffnung hingeben dürfen, es werde durch deren Veröffentlichung, soweit es nicht das rein Dienstliche, das für dritte Personen und überhaupt keinen Werth mehr hat, oder sonst unwesentliche Dinge betrifft, die ausgeschieden wurden, der Wissenschaft ein Dienst geleistet werden.

Da das fragliche Manuscript zunächst ein Tagebuch ist, so konnte die in ihm befolgte chronologische Ordnung mit Leichtigkeit beibehalten werden, wie denn auch die Ausdrucksweise und die Orthographie, um der Darstellung ihren eigenthümlichen Charakter nicht zu entziehen, völlig unverändert gelassen worden ist. Die Handschrift selbst ist auf Papier, in Folio, im Ganzen gut, aber mit vielen Abbreviaturen geschrieben.

1680.

Am 13. Febr. habe ich mich von Gießen mit Postpferden aufgemacht, den weg vf Grunberg, Rumrod, Hirschfeld, Eisenach, Gothen, Erfurth, Naumburg, Leipzig, Dreßden biß Prag genommen, weilen aber von Eisenach aus bey keinem Postmeister habe Postpferde bekommen können, alßo vmb andere gelegenheiten mich bemühen müßen, So bin ich erstlich den 22. Febr. st. v. nachmittag vor Prag kommen, aber weilen Ihre Kayserl. Mt. bey denen Jesuitern an der Prager brücken mit einer Comoedi vnterhalten worden, vnd vnter andern auch der H. Graf August Wratel von Sternberg aufgewartet, daß mein vnd andere passen nicht haben können vorgebracht vnd vnterzeichnet werden, So bin erst den 23. Febr. nachmittag hinein gelaßen, vnd mich im Dein vfm Altstätter Ring einlogirt, weilen vf der kleinen Seiten, alß welches nah am Ratschien, da Ihre Kayserl. Mt. Residentz ist, die hohe Ministri alle wohnungen bestanden haben.

Sobald ich nun den Montag in Prag gelassen worden, hab ich zwar dem H. Baron von Wangen nicht aufwarten können, weilen alle Cavalliers bey der Kayserl. Wirthschafft aufgewartet, habe Indeßen mit Johan Beken vnterredung gepflogen, welcher mir, weil alles nacher Enß vberschicket, keine andere sichere Nachricht geben können, nuhrent daß es alhir bey alten affaires gar schwehr zu negotijren sey, weiln Einige Registratores an der Pest gestorben, vnd die HH. Reichs Hof Räthe, ehe die acten beräuchert weren, solche zu durchgehen bedenkens Trügen, dazu man die Cantzellisten nicht bringen könte. Den 24. Febr. st. v. habe dem H. Baron von Wangen mein creditif vberreichen lassen, vnd vmb audientz gebetten, weiln Er aber Artzney eingenommen, ist mir nachmittag die 4 vhr bestimbt worden, da dann Er sich, daß Er nicht alsobald vf die ihm zugekomene gdste. Schreiben geantwortet, höchstens entschuldiget, Sonsten hielten der H. Baron davor, wann bey der Röm. Kays. Mt.

an Se. Hochf. Eminentz ein recommendation-schreiben ausgewürket vnd zugleich etwa S. gn. der H. Baron deputirt würden zu Sr. Hochf. Eminentz zu reißen vnd dißerwegen zu tractiren. Indem aber alhir spargirt wird, daß Se. Hochf. Eminentz in agone mortis sein solte, achtete Se. gn. der H. Baron vor gut, daß man sich deßen zuforderst gewiß erkundigte, dießerhalben dann der H. Baron mit Ihrer Kays. Mt. der regirenden Kayserin selbst zu reden gelegenheit nehmen vnd daz negotium recommendiren wolten. Bey denen vbrigen hohen Ministris kann mann gar langsam audientz erhalten, nachdem es erstlich zimlich weit von der altstatt biß vf den Ratschien, vnd vberdem anjetzo die fastnachts vnd lustige wirthschaffts Zeit ist.

Verzeichniss

der in der Königl. Residentz Prag Anno 1680 gegen die Fastnachts Zeit gehaltenen Kayserlichen Wirthschafft.

Caplan, Graf Wilhelm von Öthingen.

Bräutigam.	Braut.
Graf Albrecht von Zintzendorff.	Prinzessin Maria Anna.
Bräutigams Vatter.	Bräutigams Mutter.
Graf v. Harrach Obrister Stallmeister.	Fr. Herschanin.
Braut Vatter.	Braut Mutter.
Graf Frantz von Thun.	Fr. von Stahrenberg.
Erster Brautführer.	Erste Braut Junfer.
Graf Frantz Breuner.	Fr. Johanne von Herberstein.
Ander Brautführer.	Andere Creutzl Junfer.
Graf Schwirby.	Fr. Tribultzin.
Scheff Richter.	Dorff Richterin.
Graf von Schwartzenberg.	Fr. Finkerin.
Wirth im Dorf.	Wirthin.
Graf Loschantzky.	Fr. Truksässin.
Spannischer Baur.	Spannische Bäuerin.
Hr. Hanß Ernst Fünfkirch.	Fr. von Thirheim.
Wällischer Baur.	Wallische Bäuerin.
Printz Hermann von Baden.	Fr. Schwaffkyin.
Frantzöischer Baur.	Französche Bäurin.
Graf Slavada.	Fr. von Fürstenberg.
Englischer Baur.	Englische Bäurin.
Graf Frantz Maxim. von Manßfeld.	Fr. von Seeau.
Böhmischer Baur.	Böhmische Bäuerin.
Spannischer Bottschaffter.	Fr. Maria von Tachach.

Schwabischer Baur.	Schwabische Baurin.
Graf Sigmund von Drautmansdorff.	Fr. von Draudmannsdorff.
Croatischer Baur.	Croatische Bäuerin.
Graf von Türheimb.	Fr. Götzin.
Hanakscher Baur.	Hanakische Bäuerin.
Graf Schablitzky.	Fr. Breunerin.
Soldat im qvartir.	Soldathin.
Graf Ferdinand von Herberstein.	Fr. von Türheimb.
Dorf Jud.	Dorf Judin.
Graf Wirbna.	Fr. Therese von Herberstein.
Zigeuner.	Zigäunerin.
Prinz von Baden.	Fr. Toröst von Tachach.
Kellner.	Kelnerin.
Graf Max von Wallenstein.	Fr. Cambony.
1. Knecht.	1. Dirn.
Graf Boggon.	Fr. von Lamberg.
2. Knecht.	2. Dirn.
Graf Leopold von Hallenweil.	Fr. von Wilth.
3. Graf Caprara.	3. Fr. von Thalenberg
4. Ihre Hochgräfl. Excellenz	4. Fr. Görgerin.
Gen. Wachtmeister Graf de Fur.	

Poiets.

Graaff Frantz Augustin von Wallenstein, Rauchfangkehrer.
Graf Sebastian von Öthingen, Koch.

Bey dem Ballet.

Ihro Mt. der Kayser.	Ihre Mt. die Kayserin.
Ihro Durchl. Hertzog von Neuburg.	Ihre Dchl. ErtzHertzogin Maria Antonia.
Graf Wentzel von Altheimb.	Fürstin von Dietrichstein.
Graf Max Breuner.	Fr. Trautsonnin.
Graf Frantz Joseph von Höben.	Fr. von Weil.
Graf Carl von Tachach.	Fr. Gyntzkin.
Graf Leopold von Trautsamb.	Fr. Siegerin.
Graf Henrich von Kuffstein.	Fr. von Lichtenstein.

Im übrigen geht die gewisse sage, daß Seine Kays. Mt. den 24. Martij st. n. von hier sich nacher Brandeis, sodann weiter begeben werden, nach Etlicher Meinung, ob würden Sie auf solche vnvermerkte weiß gäntzlich von hier reißen, weil es wegen der contagion so gar sicher nicht ist, gestalten in der Neustatt schon etliche häußer geschlossen, jedoch alles in der stille, vnd sieht man sich sehr vor, nicht mit jedermann vmbzugehen. Es ist alles sehr Theur, vnd kompt die Zehrung vnd logement, ohne diner, alle wochen fast vf 12 fl.

Den 28. Febr./9. Martij. Nachdem ich bißdahero verschiedenmahlen vom altstätter Ring auf die kleine Seite vnd Ratschien gangen, umb dem H. HofCantzlar Hocher ebenfallß aufzuwarten; So habe auch den 27. Febr. widerumb gelegenheit gesucht, aber in deßen logament erfahren, daß der H. ReichsHofRaths Praesident Fürst von Schwarzburg, wie auch der Oestreichische Hofsecretarius Abele, der Stayr secretarius Koreth, vnd der Tyrolische secretarius Eholt vnd Cammer secretarius Koch bey Seiner Excellenz conferentz hilten, deßwegen heute fruh umb 7 vhr den H. HofCantzlar Hocher vfm Ratschien zu sprechen gesucht. Eß ist mir aber durch den Cammerdiner zur Nachricht worden, daß bey Seiner Excellenz ich heute, weil es Postag were, nicht wurde audientz haben können, ich solte mich morgen vmb 2 vhr wider anmelden. Sonsten habe, alß ich vf den Ratschien gangen, observiret, daß mann Einige Sachen eingepacket, weiln Ihre Kays. Mt. vf Brandeis vnd Bardewitz zu reißen willens sind, wie dann zu deßen behuf allen hisigen Landkutschern befohlen worden, bey der hand zu bleiben. Eß werden die Prager in frembden territorijs wegen der spargirten contagion sehr gescheuet, so stark spührt mans aber, gott lob, alhir noch nicht, außer daß die Juden, so keinen Paß haben, vf die kleine Seiten nicht kommen dörffen, vnd in der Neustatt etliche häußer gesperret sind, wiewohl das Lazareth, so ½ meil von hir ist, voller kranken sein soll, in deßen Ansehung denen hiesigen privatis bey der faßnachtszeit verbotten worden Spielleuthe zu halten, vmb den liben Gott nicht mehrers zu erzürnen. Zu Wien soll deß H. graf Jörgers bedinter den Jüngern H. graf Jörgern, von welchem Er hart gehalten worden, ertödet vnd sich ins Closter retiriret haben, nunmehr aber daraus par force genommen sein, vnd Ihme, ohnerachtet das Closter propter violationem loci sacri solenniter protestiret, der process gemacht werden.

Den 13. Martij st. n. Die Krankheit hat in dißer wochen sich zimlich geändert, vnd dergestalten nachgelassen, daß keiner von etlichen Tagen hero daran gestorben. Eß haben Ihre Kays. Mt. resolvirt den grafen Berko alß Kays. extraordinari Envoye principaliter an den König von Dennemark ehister Tagen abzuschicken, vnd soll bey seiner durchreiß mit allen regirenden Hertzogen der fürstl. Braunschweig. Häußer vber die jetzige von dem König in Frankreich verübende attentata conferiren, vnd Ihrer Kays. Mt. meynung Ihnen eröfnen. Der general feldwachtmeister graf Henrich von Manßfeld hat auff die ergangene Kays. citation sich dahin eingestelt, vnd wird gleich nach Empfangener Instruction vnd nöthiger expedition seine Reiß nacher Frankreich alß Kayserl. extraordinarie Envoye fortzusetzen, vnd an selbigem Königl. Hof sich vber die von dem König practicirte vnd in 25 puncten bestehende contraventiones deß Nimwegischen Friedens beschwehren. Der hir anwesende frantzösische Envoye frequentirt dermahlen gar selten den Kays. Hof. Der General Strahold ist vmb sich wegen seiner geringen Krigsoperationen wider die rebellen zu justificiren, anhero citirt, vnd an statt deßen, das Ober Commando in Ober Vngarn dem General Grafen von Caprara, welcher auch ehisten von hir aufbrechen wird, aufgetragen worden.

Die Jesuiter an der Prager brücken in der altstatt haben ein neu Marien Bild in Ihrer Kirchen von wegen der Pest vfgerichtet. In der Zeit, daß ich hir bin, habe nicht mehr alß Einen begraben sehen.

Den 6./16. Martij. Gestern ist vmb 10 vhr eine vberaus große procession von etlich taussend menschen geweßen von wegen vnser liben Frauen, welche vor wenig tagen von Einem Jesuiten aus Pohlen ist gehohlet, ins Jesuiter Closter an der brücken geführet, von dar vorgestern durch eine kutsch mit 6. schwartzen rappen vnd 2. schwartz bekleidten kutschern in die Neustatt gebracht, gestern aber bey begleitung aller schühler, aller München, aller brüderschafften, vnd der burgerschafft sambt denen studenten vf den Ratschien ins Schloß mit sonderbahrer Ehrerbietung vnd niederknieung gebracht worden. Da nun das Bild in der Kirchen enthronisiret, sind environ, so viel ich hab zehlen können, 83. Lichter darvor angezündet, Meß gelesen, Italianische Predig gehalten, vnd in solcher erzehlet worden, daß dißes bild schon 3. stätten von der Pest in Pohlen geholffen, deßwegen solte mans nur, vmb abwendung solcher Plage, auch anruffen; das musiciren vnd meßleßen hat biß 11 vhr in die nacht gewähret, das bild ist wider herunter zu den Jesuitern gebracht vnd soll nunmehr in Pohlen an seinen vorigen Orth geführet werden. Der Allmächtige Gott bleibet jedoch der stärkste Helffer.

Sintemahl von 8 Tagen hero kein Mensch dahir an der contagion gestorben weder in das Lazareth geführet worden, Alß haben Ihre Kayß. Mt. bey solcher der Sachen beschaffenheit sich entschlossen durch den gantzen künfftigen Sommer in dießem Königreich mit der gantzen Hofstatt zu subsistiren, vnd die meiste zeit hin vnd wider auf dem Land, sonderlich mit Hirsch Jagten vnd Ergötzlichkeiten zu hinterlegen, folglich gegen Eingang deß Herbst nach Oberöstreich, der jetzigen disposition nach, sich zu wenden, intentioniret sein.

Den 10./20. Martij. Man will schon erzehlen, doch hoffe ich noch, Zur Zeit ohne Grund, daß bald niemand aus der Altstadt vf die kleine Seiten passiret werden soll, weilen mann befunden, daß an derseitigen Orthen ohnweit den Juden in der Moldau viele Todten Menschen gefunden, dahero deliberirt werden soll, ob mann in dißer fastenzeit ferner frische fisch essen, oder lauter fleisch erlauben soll, da etwa die fische Von solchen Todten Cörpern Ihre Nahrung hetten suchen mögen.

Gestern ist allen Cavalliers bey Hof Verbotten Worden, daß keiner mit Juden mehr umbgehen noch Sie in Ihren häusern dulten soll. Eß hat bißhero 3. Tag nach Einander Ein Jud Vfm Altstätter Ring am Halß Eisen gestanden, welcher gestohlen, dahero den Diebstahl am Halß, sodann Vnter beyden Armen Ruthen, Vnd die Hände Zusammen gebunden gehabt, ist jämmerlig von den Jungen mit faulen Äpfeln Vnd Eyern, zerworffen worden, Er solte ausgestrichen werden, ist jedoch pardonnirt worden.

Deß grafen Von Harrachs page vnd Lagvay sind jählich gestorben; H. Baron Freytag ist nicht hir. Eben da ich dißes schließen will, kompt mir die Post, daß Ihre Excellenz der H. Obrist Hofmr. von Lamberg in Agone Mortis durch Ein Schlagfluß lägen, Vnd wird von Vilen bekräfftiget, weil es eine starke stunde Von meinem logement ist, läst der Postag nicht zu, daß ich nachfrage, wie sich die paralysie angelassen, mit nächstem Berichte ichs vnterthänigst. Nach Dreßden vnd Regenspurg wird von hir aus niemand mehr passirt, ob Er schon den besten paß hat, villeicht weil spargirt wird, daß man eine Grube gefunden, darin 400. Juden todter gelegen.

Den 17./27. Martij. Allem Ansehen nach soll die Reiße der R. K. Mt. künftigen 2. April st. n. fortgesetzt werden, darzu die behufftige Wagen vnd Landkutschen aus Schlesien vnd Mähren schon beschrieben; Mann kann zwar den locum ad quem aigentlich nicht, doch von Einigen so viel sondiren, daß Seiner Kays. Mt. gesonnen weren auf den H. Berg, 7. meil. von hir, sodann vf Bardewitz vnd in der Stille mit Einem kleinen Hof nach Regenspurg zu reisen.

Ob sichs zwar bey meiner Ankunft nicht angelassen, als weren Einige Inficirten hir; So befindet sich doch bey annahender Wärme, daß des Tags bey 13 Personen sterben, das Lazareth vnd probirhäußer gantz voll, die Juden-Statt gestern gar versperret, vnd heute Einem Jeden Burger durch Ihre Virtl Hauptleuthe anbefohlen worden, niemand in die Juden-Statt zu schicken vnd keinen Juden heimlich zu hägen bey Verlust des Bürger-Rechts, wie auch ohne dem die Wache genau Achtung geben muß, daß der geringste Jude nicht aus der Juden-Statt tritt, Lebensmittel werden Ihnen noch an der Moldau hinein gelassen vnd deliberiret, Sie alle aus der Statt an einen gewissen Orth zu schaffen, wiewohl schon etliche hundert das praevenire gespielet, vnd sich vf Einige Böhmische Herrschaften begeben haben; Eß will das Ansehen schon gewinnen, ob retirirten sich die Vornehmsten in der Stille, vnd schickten Ihre Angehörigen nebst der pagage in Sicherheit. H. R. H. Rath Andler ziehet auch fort. Etliche sagen Ihre Kays. Mt. wollten ins Carlsbad. Enfin die negotiationes werden durch diße augenscheinliche Ruthe deß gerechten Gottes sehr gehemmet, absonderlich wann nach Abzug der R. K. M. alle pässe gesperret, langweilig: beschwerlich: vnd kostbahre guarantaine anbefohlen werden, wie schon an allen pässen scharpffer Befehl würklich deßwegen ergangen.

Die schon etliche Wochen hir gelegenen Landkutscher können nicht nach Dreßden, nicht nach Eger, nicht nach Nürnberg, wer vor Wien kompt muß auch 14 Tage guarantiren, hir werden in allen Häusern Täglich Wachholder glüen vnd die Wohnungen voller Rauch gehalten. Gott richte alles zu vnßerer aller Seeligkeit.

Den 20./30. Martij. Die Judenstatt ist nun mit Brettern ganz zugeschlagen, daß weder Christ hinein, noch Jud heraus kommen kann, weilen sie aber vf solche Weiß über Einander crepiren vnd Endlich die Luft in der Statt gänzlich inficirt werden könnte, stehts darauf sie sämtlich wegzuschaffen, so bald nur nach etlicher Aussage, vf Einigen Böhmischen Herrschafften Bretterne Hütten aufgeschlagen vnd Ihre Schulden richtig gemacht sind; Indeßen hat mann sich draußen vor frembden Juden vnd Kauffung derer alten meubles wohl vorzusehen, weilen vf solche Arth eine Gefahr vnvermerkt in ein Land gebracht würde.

Mann hat heut erzehlt, ob wollten Ihre Kays. Mt. Dero Reiße nach dem H. Berge einstellen, weilen sich der Buntzelische, Leutmeritsche vnd Pilsische Creiß zusammen complottirt hetten, Eß glauben aber die wenigste, daß die R. K. Mt. wegen solcher rebellischen böhmische Bauern Dero einmahl gefaste Resolution mutiren würden, doch wird hirin der Instehende Dinstag die Gewißheit geben. Vorgestern den 18./28. hujus haben Ihre K. Mt. Bey den Strohhöfern vmb 11 Vhr Meß gehört, sich in großer Suite nach dem Stern ½ Meil von hir verfügt, alda Mittag gehalten vnd Einer Jagd beygewohnt.

1.) Waren bey 40 hand Pferde mit den schönsten in Gold gestikten sätteln vnd schabaraken gezieret voran geführt, 2.) vber 30 kutschen mehrentheils mit 6 Pferden Bespant, 3.) Ihr. K. Mt. der Kayser ein kostbahr gelbe feder vfm Hut, vnd Blau violen Straus in der linken Hand, bey Dero Ihre Mt. Die Kayserin ein klein hündlein vf Dero K. Schos haltend In dem gewöhnl. Kays. mit 6 Braunen muthigen Rossen bespanten Wagen, die 2 Kutscher mit gelben Reißröken vnd Beltzhauben, die audern aber in Ihrem gewöhnlich schwartz sammet: vnd Tüchern mit gelben schnieren ausgebrämten habit gekleidet, 4.) Die K. Prinzessin Ertz Hertzogin Maria Anna vnd Dero Hofmeisterin, Dero wagen mit 6 Apfelgrauen bespannet. 5.) Die Trabanten mit entblöstem haupt. 6.) Vier Trompeter. 7.) Die Hatschierer. 8.) Das Frauenzimmer vnd vbrige Hofbedinte.

Den 24. Martij./3. April. Ihre Kayß. Mt. sind gestern den 2. Apr. st. n. vmb 9 Vhr, mit Einem nicht gar großen Estat, nach dem Heil. Berg verreist, in folgender Suite, so viel ich selbsten observiren können: 1.) Sind bey 6 kutschen mit 6 Pferden bespant, vorangegangen, 2.) folgten 2 Trompeter, Dereu Einer bließe, 3.) noch eine kutsche darin 2 Vornehmste K. Ministri gesessen. 4.) Die Kays. Carosse mit 6 schwartzbraunen muthigen Rossen, darinnen sassen Ihre K. Mt. Mt. der Kayser in Goldstück, vnd rothen federn vfm Hut, angekleidet, vnd die regirende Kayserin. 5.) Eine Carosse mit 6 Apffelgrauen Schimmeln, darin die Erz Herzogliche Prinzessin vnd Dero Hofmeisterin waren. 6.) Neben diesen beyden Kutschen giengen die Trabanten der Gewohnheit nach entblösten haupts vnd folgten 7.) Darauf ohngefähr 40 hatschierer. 8.) in noch 4 Kutschen, jede mit 6 Pferden, Das K. Frauenzimmer, sodann 9.) Viele Landkutschen mit mobilien. Früh morgens sind auch schon Etliche Vorangangen, Ingleichen Der Hertzog von Neuburg. Der Kayserliche Printz ist hir gelassen worden.

Der mehrere Theil Derer Frembden begibt sich in Zeiten von hir, Der Margraf von Baden ist auch abgereist, weilen in Deßen Behaußung im Vnteren stok ein Parrukenmacher jählings gestorben, sodann vor wenigen Tagen, Besag deß anher geschribenen Berichts, ein Dreßdischer Landkutscher, nahmens Dannenberger, so bald Er von Prag nach Dreßden kommen, in der Statt verschieden, welches nicht wenig nachdenken und dabei dieses noch vervhrsachet, daß die passage nach Dreßden wird starker versperret werden.

Den 27. Martij./6. April. Soviel ich gestern aus Dreßdischen Briefen hab erzehlen hören, so sind deß neulich gemelden Jählich Verstorbenen Dreßdischen Landkutschers, Dannebergers, seine kleidungen Verbrand worden, Item ist deß nach Brandenburg abgeschikten Kays. Gesandens Grafen von Lambergs von hir aus gereister Koch ebenfablß ohnevermuthet verschieden, welches soll vervhrsachet haben, daß nunmehr eine 16. Wochige guarantaine vor Dreßden anbefohlen Worden. Ihre Mt. die Verwittibte Kayserin sind vorgestern den 25. Martij nachmittag Vmb 3 Vhr Vber die Prager Brücken ausgefahren, haben bei Ihro 1. Trompeter, 5. kutschen voll Frauenzimmer, 10 hatschierer, Etliche Cavalliers Vnd Leiblaqvayen gehabt.

Vor die Juden werden zu Lieben; 1. meil von hir, bretterne Hütten Vfgeschlagen, umb sie aus der Statt dahin zu logiren. Von denen Rebellischen böhm. Bauren sollen ohnlängst durch die Kayserliche Soldathen, 30 niedergemacht sein, welches, nach etlicher Meinung, Einen starkeren Vfstand Veruhrsachen dörffte, Indem mann Vnter andern auch besorget, ob verließen sich die complotten Vf den König von FrankReich. Alß Ich gestern Ihrer Fürstl. gnaden von Schwartzburg abermahlen E. F. D. hir pendente negotia gebührend erinnerte, vberreichte ein abgeordneter von denen Passauischen Baurn auch eine Supplic, vnd bathe umb Linderung der robotten Vnd Herrdinsten. Eß soll die Königin Libuscha Prophezeyet haben: Wann der fünfte Stand (1.) ist der Geistliche, 2.) die Herrn, darunter Hertzogen, Fürsten, Grafen und Freyherrn, 3.) Ritterschafft, 4.) Die Bürgerschafft) 5.) nemblich die Bauren, ein Vfstand machten, Würde es schlecht im König Reich Böhmen stehen.

Den 31. Martij/10. Aprilis. Die Kaufleuthe halten jetz, da die Juden eingeschlossen, alles Theurer, Indem aber denuncijret worden, daß Einige Marchands von den versperrten Juden viele Wahren in wohlfeilem Preiß heimlich an sich erhandlet, hält der klein Seiter Magistrat scharpfe Inquisition darauf.

Nach beschehener conjunction der aus Schlesien in disem Königreich arrivirten 2. Regimenter mit dem General Harrautischen Regiment zu Pferd ist Erstbesagter General gegen dem Orth, alwo die aufrührische Bauren ihr läger gesetzt, mit den Ihm an Vertrauten Truppen avancirt, aber nichts sonderliches, außer daß Er Einige Partheyen, umb zu sehen, wie man Einige gefangene ausbringen möchte, gestalten dann ein Reformirter Lieutenant, welcher zu den Bauren sich gestelt, vnd dießelbe in der Kriegs-Kunst vnterwießen, ertappet, vnd gefänglich dem General überliefert worden, annoch wider die Bauren, welche sich gleich in die nechste am rüken gehabte Wälder salviret vnd stattlich verhauen, nichts attentiret, weilen sie aber den Kays. Edicten nicht haben parirt, sondern Vorhero eine würkliche Satisfaction vber die vorgebrachte Beschwerden haben Wollen, dürfften Ihre Mt. wider dergleichen hartnekigte Vnterthanen ein schärpfere Resolution ergehen lassen.

Indeßen sind wider den Bischof von Passau große Klagen von seinen Vnterthanen Ihrer K. Mt. wegen der so großen Beträngnissen vnd Unerschwindlichen Anlagen vorgebracht, vnd umb Zeitliche Vermittelung gebetten.

Gleich jetzt kompt bericht ein, daß die aufrührische Bauren biß vf 8000 Mann sich accommodirt hetten, auch Hoffnung seye, daß dieße sich auf die von Ihren Herrschafften versprochene limitirung deß Robotens befriedigen werden. Aus Vngarn hat mann, daß die Türken den Rebellen nicht allein die freye Einlogirung auff dem gehuldigten boden verwilliget, sondern anjetzo mit 5000 Mann Zu assistiren versprochen, gleichwohl aber hofft mann, daß Sie Ihre gesanden nach Thurman zu der daselbst angesetzten Commission abschiken vnd den Vergleich tractiren werden.

Den 3./13. Aprilis. Die Juden gehen nun mit Ihren bündeln nach vnd nach von hir fort. Gestern haben die Spurkische Vnterthanen Ihro Mt. alß Sie zur devotion gangen, auch Beschwerungspunckten selbst Eingereichet, worüber sich die Cavalliers, In dem Sie vor Ihrer Kays. Mt. Vorher gehen vnd die sogenante rebellische Bauren mit Suppliquen Vf den Kayser warten sehen, sehr ereifren. Der Höchste Gott vereinige die Hohe Gemüther, vnd verleihe friedliebende Consilia.

Nachdeme nechst verwichenen Tagen Ihre Kays. Mt. Etliche in dem Judicio Subdelegato wider den Hof-Cammer Präsidenten in p°. administrationis der Kays. Hof: Vnd Krigscassa herfürgebrochene vnd klar erwießene vntreu vnd Verbrechen vorgetragen vnd eröffnet worden, ist Demselben darauf ein Kayserl. Decret am verlittenen Sonnabend dißes mehrern Inhalts, krafft welches Er von allen Kays. chargen vnd Ämbtern völlig suspendiret, vnd annebst die frequentirung deß Kayserl. Hofs verbotten wird, insinuirt vnd anbefohlen worden, von hir biß Zu ausführung deß wider Ihme deßwegen bevorstehenden process nicht Zurücken. Hat Er sich gleich darauf vnter dißem gefärbten praetext seiner gewöhnlichen geistlichen vbungen in der P. P. Jesuiter hißiges Profess: Hauß retiriret, vnd mithin alle pretiosa an Kleinodien, Gold vnd Silber in salvo gezogen.

So ist auch alßobalden der Herr Baron von Abele zum General Administratorn der Kays. Hof Cammer vnd deren dependentien von Ihrer Kays. Mt. denominirt vnd Zugleich sein erlangtes Baronat publicirt vnd forthin am Verstrichenen Montag vom Herrn Obrist Hofmr. Grafen von Lamberg Denen Hof Cammer Räthen, secretarien vnd Bedinten mit gewöhnlichen formalitäten nechst vorhero abgelegten juramenti fidelitatis vorgestellt vnd an Seiner statt Zum Secretario Vnd Referendario der Inner Österreichischen Landen seinem Vettern H. Von Wartenburg, pro interim denominirt vnd erkläret, anbey alle HofCammer Räthe, außer Ihrer fünf vnd zwar H. Grafen Seyfried Breuner, Sebastian Von Pötting, Drautmannsdorff, Vnd Wratislaw, H. Croholantza Vnd von Albrecht, welcher Zugleich das votum informativum haben wird, neben Vier der ältisten Secretarien, denen allen mann per Decretum Ihre Subsistentz notificiret, gäntzlich cassiret vnd Vhrlaub gegeben worden. Hat also gestern besagter H. Baron Von Abele die erste Rathssession gehalten.

Die Verwittibte Kayserin ist am verwichenen Montag nach dem H. Berg abgereist. Ihre Andacht Daselbst Zu Verrichten, Vnd wird heinten dahir widerumb Zurück ankommen. Zwischen dem Marggrafen Louis von Baden, Vnd dem Skelton Engl. Envoye ist Einiger Widerwillen entstanden, Vnd dißer zu Einem offentlichen Duel gefordert worden, Dießes aber Zu verhindern, haben Ihre Mt. auf beyde Einen arrest geschlagen, Vnd zu dießem Ende Einige Hof Cammer fourirer hinaus geschiket worden. Die in dißem KönigReich annoch schwebende Sedition ist durch die Kayserl. Soldatesca Zimlich gedämpfft, Vnd die meisten zum Gehorsamb gebracht worden, Da hingegen haben Zwey andere Creyß revoltiret, vnd bitten Ihre Mt. sich wollen über Ihren Elenden Stand erbarmen, Vnd an Ihren Beschwerden, besonders den Täglichen Robathen eine Moderation allgdst. setzen wolten.

Den 7./17. Aprilis. Von Etlichen werden deß H. Gr. von Sintzendorffs restanten Vff 7 millionen geschätzet. Eß sollen die P. P. Jesuiter von Ihrer Kays. Mt., alß Sie vfm Heil. Berg gewesen, 6000 rthlr. verehrt bekommen haben. Der Pass von hir aus nach Dreßden ist nunmehr noch härter gesperret, weiln deß neulichen von hir abgereisten Landkutschers Frau Vnd Kinder auch gestorben sind.

Von Ihrer Kays. Mt. abreiß wird Zwar in Geheim geredet, ob wolten Dieselbe nach den Feyertagen mit Einer kleinen Hofstatt ab, Vnd Vielleicht nach Regensspurg reißen.

Den 10./20. Aprilis. Der status Camerae hat jetzt ein gantz anderes ansehen, dann erstlich ist allen Canzellisten Vndt Cameralisten die Correspondentz verbotten. 2.) müssen Sie jetzt Täglich in Camera Vnd in der Schreibstuben sitzen vnd laboriren, 3.) keine so grose Verehrungen mehr nehmen, sondern Eß sind gewisse Satzungen gemacht, daran Sie sich von denen Partheyen Vergnügen müssen; 4.) Thut man ferner starke Cammer Inquisitiones, wird auch wohl deß von Selb große hinterlassenschafft von etlichen Donnen Golds examiniren. Bey des H. Grafen von Sintzendorffs Vntersuchung ist der Fürst von Schwartzburg, Pater Emmerich committirt, vnd der von Abele Referendarius, von Seiten deß H. Grafen aber der H. Graf von Nostitz geweßen. Vor dißem ist der H. Gr. von Sintzendorff gar nit ausgefahren, sondern ist mehrentheils schwach gewesen Vnd in Einer Senfft getragen worden, gestern aber ist Er mir mit 6 schwartzen Rappen Vf der klein Seiten begegnet, Vnd allem muthmaßen nach bey dem Pater Emmerich geweßen, dißes vnd jenes Zu suchen.

Wegen des grünen Donnerstags, Charfreytags Vnd heutigen Instehenden H. Fest nichts zu expediren, alß da Ihre Kays. Mt. den 18. st. n. früh morgens von 9 Vhr an biß nach 12. Ihre devotion vnd zwar folgender Arth gehabt: 1.) Ist Eine schöne passions-Predig gehalten, die passion Verleßen, vnd nachgehents Meß gehalten worden, da dann I. K. Mt. Vnd die Regirende Kayserin in Einer solchen hoch Preißwürdigen Andacht in der Schloßkirchen publice vorm hohen Altar Vfm Ratschien communiciret, daß von keinen Cavalliers noch

Dames (Welche doch alle nach der Ordnung, wie Sie Cammerheren, Vnd in Bedinungs sind, nebst denen Edelknaben communicirt haben) Dergleichen hat können observirt werden. 2.) Nach geendigter dißer devotion ist die Solennität deß Fußwaschens wie folgt vorgangen. Die 12. Armen (Welche gemeiniglich recommendirt vnd den Mitwochen vorher Vf K. Befehl im Bade gäntzlich gesaubert werden) sind in der Kays. Ritterstuben an Eine lange Tafel gantz neu und schwartz von oben biß unten, nichts ausgenommen, gekleideter, nach der Ordnung deß Alters gesetzet, dessen Erster 102 vnd Sie alle Zusammen 875 Jahr sollen gehabt haben, Ihnen, nach beschehener information, wie sie sich zu verhalten, Von 5 Cavalliers Vnd 7 Edelknaben, in 3 Trachten 13 Speisen, Vnd in der 4ten Tracht Äpfel, Käß Vnd Mandeln Einem jeden aufgetragen, weilen sies aber nicht alle aufessen können, Von den Kays. Trabanten nach Hauß getragen worden, nach dißer Mahlzeit hat man den Tisch abgeruket, der Erzbischoffj Wasser Vfgegossen, andere das Becken gehalten, Vnd Ihre Kays. Mt. haben in schwartzem kleide, ohnbedeckter mit Einem weisem schürtz angethan, Eines jeden Armens rechten Fuß gewaschen, nachgehents jedem Einen von weisem Leder gemachten beutel mit gelb Vnd schwartz litzkordeln, darin 6 Kayserl. Fünfzehener geweßen, an Halß gehenket, darauf der älteste von den Armen eine Danksagung gethan, Vnd promittiret vors Haus Östreich Zubetten, hirauf sind vor Ihre K. Mt. die Essen Vfgetragen worden, Vnd haben die Armen ein Jeder seinen Teller, Serviette, schüsseln, Messer, Gabel, becher, Krügel Vnd alles waß Vfm Tisch geweßen, mit sich genommen.

Den 14./24. Aprilis. Gleiche Solennitäten sind auch bey Ihrer Kays. Mt. der Regirenden Kayserin vnd der Verwittibten gehalten worden, Vnd Zwar jene Mt. haben 12 betagte Weiber in schwartz bekleidet, diße Mt. aber in Braun mit hüten Gekleidet, gespeist Vnd deren füß gewaschen, Dazu aber niemand von Mans Persohnen kommen können. Nachmittag sind Ihre Kays. Mt. wider Vmb 5. Vhr in die Hofkirchen kommen Vnd hat man die Heiligthümer (Welche Ich Vor 7 Jahr schon hir Einmahl gesehen habe) alß nemblich ein stück vom Tisch, Nagel, Vnd Tischtuch (so weiß mit braunen streifen alß Türkischer Synnabuf aussiehet) deß H. Christi, darauf Er das H. Abendmahl gehalten, sowohl Ihre Kays. Mt. mit großen Solennitäten, alß auch nachgehents der Gemeine Zu küßen dargereicht, diße Heil. reliquien Waren jene in Einem Zier Verguldten Viereckten silbernen Kästlein, dißes aber in Einer Crystallinen Kannel Verwahret. Abends von 10. biß nach 11. Vhr ist beym Kays. Hoff die gantze passion in Italianischer Sprach in den Verkleidungen singend agiret worden.

Den 9./19. April. ist Vormittag der H. Christus mit sonderbahren Traurigen Ceremonien von denen P. P. in den Kirchen begraben, Vnd den Nachmittag die Heil. Gräber gezeiget Worden, sodann die gantze Soldatesca Ihr gewöhr, alß Musqveten, Piqven, vnd kurtz gewöhr vnter sich getragen Vnd keine Trommel, auch keine Gloken, gerühret worden, viel weniger Einiger Wagen gefahren, sondern alle Dames vnd Cavalliers haben die h. Gräber Zu fuß besuchet. In Ihrer K. Mt. Hof Capell ist ein überaus kostbahres H. Grab geweßen, nemblich ein sehr hoch nett aufgebauter Himmel, daran der Zodiacus mit den 12 Himmlischen Zeichen Von lauter Edelgestein Vnd mitten in der Lufft in Einem Circulo, der da schwebete, das venerabile von lauter Dämanten stark gläntzend war; Ihre Mt. die Verwittibte Kayserin haben ein absonderliches H. Grab bey Aller Heiligen Vfrichten lassen, welches in form eines Vf beeden Seiten aufgerichteten Grabes war, Vnd Zwar in 12. silbernen überguldeten Vnd mit den schönsten Dämantschnüren bezierten bestehenden säulen ausgemacht, das venerabile war in der mitten von den größten Dämanten, Vnd oben ein Von Goldstück gemachter Himmel, auf den Seiten aber 6 fast manshohe silberne leuchter Vnd andere kleinere von künstlicher Arbeit gemachte darneben stehend, Vor dißem Grab lagen Vornehme Dames Vf der Erden Vnd beteten, Ihre Mt. die verwittibte Kayserin waren im Stuhl, darvon ein lang schwartz Sammete Deck herunter hang ohne Fenster, dahingegen Ihro Kays. Mt. der Kayser Vnd I. Mt. die regirende Kayserin in der Hof Kirchen an Dero K. Stuhl Fenster Vnd eine in Goldstuck bestehende lange Decke herunter henken, Ihre Dhl. die Ertzhertzogin Maria Anna aber ein roth Sammete Decke mit gulden Spitzen eingefaßt, vor Dero Fenster haben. Im übrigen hat man Bey jeder Kirchen ein absonderliches H. Grab gesehen, in specie bey den Spaniern, Zu S. Emaus hat man Trinitatem Vnd die Jungfrau Maria sehr kunstreich in der Luft schweben sehen, sodann kostbahre Tapezereyen. Heute haben Ihre K. Mt. bey den Nonnen zu S. Georgi gespeist, Vorgestern, gestern vnd heut Vormittag, wie Ich Vernehme, ist stark geheimer Rath wegen deß K. in FrankReich gehalten worden.

Gestern ist der Zettul einkommen, daß denßelben Tag nur
17 Personen an der contagion gestorben sind. Eß hat sich diße Zeit
hero, da Ihre Mt. die verwittibte Kayserin Vſm Heil. Berg geweßen,
Deroselben obrist Hofmeisterin Beschließerin oder Kuchelmensch
hinaus ins Lazareth begeben Vnd fingirt, Ob seye sie an der Pest
krank, nach der Beschauung aber wird befunden, daß sie wider das
6. Gebott gesündiget, Vnd Ihre Zeit bald hat zugebähren, deßhalben
forscht man jetzt nach dem andern.

Den 17./27. Aprilis. Eß haben mir Ein Vnd andere Vertrauet, daß etwa in kurtzem Eine größere Mutation bey hißigem Kayserlichen Hof folgen dörffte, so wohl mit fernerer reformation deß
Cammer weßens, alß auch bey inquirirung, Warumb Einige Grandes
ohnlängst I. K. Mt. gerathen, Dero Völker abzudanken, da man doch
en France ein ganz andere Verfassung siehet. Heut Vormittag ist
der gewesene H. Cammer Präsident dem Spittel Thor mit all seinen
Dinern hinaus gefahren, Vnd seine Wohnung, sonsten das Cammerhauß genannt, Vf der klein Seiten gantz desmeublirt hinterlassen. Eß
vergehet anjetzo kein Tag, daß nicht geheime Conferentzen, außer
denen ordinarien, gehalten werden, Wie dann auch heute sehr früh
I. gn. der Fürst von Schwartzburg, General L. Montecucoli Vnd
Obrister Cantzlar H. Graf Nostitz Zu I. K. Mt. in geheimen Rath gefahren, deßwegen mann bey dißer Zeit die Kays. hohe Ministros zu
Hauß sehr langsam antrifft, wo mann nicht das tempo observiret, dieselbe en passant beym ausfahren Zusprechen, Vnd die negotia Zu
recommendiren, en régard deßen hab ich heute früh in H. R. V.
Cantzlars behaussung so lang Vfgewartet, biß Seine Excellenz sind
aus Dero Zimmer in Einer Senffte nachcher Hof getragen worden.

Mit zunehmender Wärme, nehmen auch jetzund hir die hitzige
Fieber, Vnd in Specie Vf der Neustadt die Pedetschken Zu. Ich befiele
mich dem Treuen Gott, der mich Vf meinen Wegen behüten Vnd nach
seinem Willen leiten wird. Zu Wien haben die Medici bey jetziger
Hitze auf die Gruben, worinnen etlich 1000 Menschen begraben
liegen, einen Hund anhengen lassen, welcher aber darauf Vber
4 stunden nicht gelebet. Ihre Mt. die Kayserin sind wider in guter
Hoffnung, Deßwegen Seiner Kays. Mt. nicht lange außerhalb vf der
Reiße Verharren werden.

Den 21. Aprilis/1. May. Ich habe aber noch niemahlen, so
lange mich vorhero am Kays. Hof Zu Wien Vfgehalten, so viel ver-

gebene Gänge nicht Thun dörffen, alß anjetzo bey hießig sonderlichem Estat, da ich wohl 10 biß 12 mahl von der Altstatt vber die Prager Brücke, Zur kleinen Seiten, den Berg hinauf Vf den Ratschien gehen Vnd die hohe Kays. Ministros suchen muß, ehe ich Sie, wegen der vielen extraordinaires conferences, Einmahl antreffen vnd audientz erhalten kann. Auch ist mir gestern erzehlet worden, daß Einige, in Specie auch ein Chur-Sachsischer, bey der Kays. Hof Cammer Sollicitiren, welche so lang sich zu patientiren bescheidet worden, biß man die Kays. Hof Cammer wiederumb würde in Eine Ordnung gebracht haben, welches umb so füglicher Zuthun, seyen Zwey der Vornehmsten Wienerischen Kaufleuthe anhero beruffen, Einen compendiosen, nach Arth der Königl. Frantzöischen Cammer, Vorschlag Zuthun.

Der gewesene Cammer Präsid. soll nunmehro aller Aemter und Dignitäten entsetzet, vnd von deßen Fr. Gemahlin angesucht worden sein, daß Ihre pacta dotalia confirmiret, Vnd Ihr eine gewisse Herrschaft, darauf Sie Ihrem Stande gemäs, maßen Sie aus Königln. Geblüthe entsprossen, commoriren könte, Von Ihres Herrn Güther assigniret werden möchte. Mann will jetzt gar von 18 Millionen restanten reden, mit Zuziehung Derer vom KönigReich Böhmen, Vnd andern Kays. Erbländern eingenommenen Geldern, sodann Vnter andern von einem gravamine, warumb Derßelbe so viel Importante obligationes vmb ein geringes Gelt an sich gebracht, vnd nachgehents Ihrer Kays. Mt. völlig cum Interesse ansetzen lassen, wie wohl auch Einige meiner Confidenten vernommen, ob würde man etwa so gar scharpff die Cammer-Ausgaben nicht mehr examiniren, weil man merke, daß auch andere Grandes ins Spiel mitkommen möchten.

Die verwichene Wochen sind in der alten, Neu statt vnd klein Seiten 140. Persohnen, doch mehrentheils am hitzigen Fieber, gestorben, Vnd haben sich in dißer Wochen vf der Neustatt (wie aus der Beyliegenden Consignation, welche ein Geistlicher bei Marie Schnee mir en grande confiance, weiln mann, umb den Laicis keinen Schrecken einzujagen, es nicht publiciren darff, communiciret hat, E. F. Dhl. sich werden Untherthänigst vortragen lassen) alß Todkranke Ziemlich viel communiciren lassen. Gestern sind Ihre Kays. Mt. biß umb halb 2. Uhr Nachmittag im geheimen Rath geweßen, und wie mir ein Geistlicher erzehlet, wegen der rebellischen bauren consultationes gehalten worden, bevorab da sich jetzt die Mährische

Theils Östereichische Sächsische vnd Schlesische darzu schlagen, vnd verlauten will, ob vertrösteten sie sich vf ein starkes Capo, in dem Wahn steckende: Sie unstraffbahr rebellirten, weilen Dießes vor vielen Jahren von der Libuscha Prophezeyet seye. Viele hetten Suadiret, par force Sie, tanquam tumultuarios, zu dämpfen, die wenigste aber dahin incliniret, mit Ihnen zu Simuliren, Ihnen in der Güte die große robotten zu lindern etc. etc. Eß haben schon Etliche Ihren Herrn die Höfe abgebrannt, die Haupt- oder Amtleuthe vnd Schösser geschlagen, vnd weggejagt, damit sie aber nicht gar ruinirt würden von den Bauren, haben die Heren K. Soldathen Vf ihre Güther erbetten, geben jedem zur entretenirung monathlich 1. Dukaten.

Die Kays. Völker abzudanken soll Gen. Montec. sehr ab: der F. v. Schw. aber vnd H. H. gerathen haben. Mann besorgt es möchten etwa bey dißen turbulento statu die Briefe zuweilen eröfnet werden, Deßhalben in personalibus sehr retraict zu gehen ist. Im Vbrigen wolle der Treue Gott diese fast aller Orthen gefährliche vnd weit aussehende Zeiten in Gnaden ändern, vnd nach seinem vatterlichen Willen geben, waß hie Ersprißlich vnd dort seelig ist. — — —

Consignatio

Infirmorum in nova civitate, quibus PP. Franciscani expositi a S. M. ad nives sacramenta administrarunt A. 1680.

Jan. die 28. fuerunt apud 2. maligna febri laborantes.
„ „ 29. apud 3. pestiferos & 2. maligna febri laborantes.
„ „ 30. apud 3. pestiferos et 2. febricitantes.
Febr. die 5. apud 2. pestiferos NB. eadem die in civitate Judaica ultra 30. infecti Judæi reperti sunt.
„ „ 6. apud 1. infectum & 2. febricitantes.
„ „ 7. apud 3. pestiferos & 1. maligna febri laborantem.
„ „ 8. apud 1. virginem febricitantem.
„ „ 12. apud 1. infectum militem.
„ „ 13. apud 2. febricitantes.
„ „ 14. apud 1. pestiferum & 4. maligna febri laborantes.
„ „ 16. apud 1. militissam & 1. adolescentem febricitantes.
„ „ 17. apud 4. maligna febri laborantes.
„ „ 18. apud 1. pestiferum & 8. febricitantes.
„ „ 20. apud 1. pestiferum.
„ „ 22. apud 2. febricitantes.
„ „ 26. apud 4. pestiferos.
„ „ 28. apud 18. infectos.

Mart. die 2. in 19 domibus in una subinde 3. infectos invenerunt, pe
nesque infectorum lectos corpora mortuorum.
„ „ 4. apud 12. partim infectos partim febricitantes.
„ „ 9. apud 1. pestiferum & 6. febricitantes.
„ „ 12. apud 7. pestiferos.
„ „ 14. apud 6. infectos.
„ „ 17. apud 6. pestiferos.
„ „ 19. apud 3. suspectos.
„ „ 20. apud 2. pestiferos & 5. peteczias habentes.
„ „ 23. apud 3. pestiferos & 10. peteczias habentes.
„ „ 24. apud 1. pestiferum. 4. febricitantes & 3. peteczias habentes.
„ „ 25. apud 3. pestiferos & 10. peteczias habentes.
„ „ 27. apud 1. pestiferum & 16. maligna febri laborantes.
„ „ 28. apud 2. pestiferos & 7. peteczias.
„ „ 30. apud 4. febricitantes.
„ „ 31. apud 6. febricitantes.

April. die 1. apud 3. pestiferos & 6. peteczias habentes, eadem die invenerunt penes infirmam militissam 2. filios mortuos.
„ „ 2. apud 3. peteczias habentes.
„ „ 3. apud 2. peteczias habentes.
„ „ 5. apud 4. suspectos.
„ „ 6. apud 4. peteczias habentes.
„ „ 7. apud 3. pestiferos. 2. peteczias & 1. morbum capitalem habentes.
„ „ 8. apud 1. pestiferum & 15. maligna febri laborantes.
„ „ 9. apud 3. peteczias & 4. maligna febri laborantes.
„ „ 10. apud 2. pestiferos et 3. febres calidas habentes.
„ „ 11. apud 3. peteczias & 7. calidas febres habentes.
„ „ 12. apud 2. pestiferos & 14. calidas febres & 4. peteczias habentes.
„ „ 13. apud 2. pestiferos & 22. peteczias & febres habentes.
NB. hac nocte unus laicus societatis Jesu ex nova civitate est evectus ad Lazarettum.
„ „ 14. apud 3. pestiferos & 7. febricitantes.
„ „ 15. apud 4. pestiferos & 8. diversis infirmitatib. laborantes.
„ „ 16. apud 4. pestiferos et 12. varijs infirmitatib. afflictos.
„ „ 17. apud 5. pestiferos & 10. febricitantes.
„ „ 18. apud 10. calidis febribus laborantes.
„ „ 19. apud 2. pestiferos & 6 calidas febres habentes.
„ „ 20. apud 3. pestiferos & 18. febricitantes.
„ „ 21. apud 15. febricitantes.
„ „ 22. apud 9. febricitantes.
„ „ 23. apud 4. febricitantes.
„ „ 24. apud 12. febricitantes.
„ „ 25. apud 22. febricitantes calidos & 3. suspectos.

April. die 26. apud 24. febricitantes & 2. pestiferos.
„   „ 27. apud 14. febricitantes & 4. pestiferos.
„   „ 28. apud 9. febricitantes.
„   „ 29. apud 16. febricitantes & 2. pestiferos.
„   „ 30. apud 12. febricitantes & 3. pestiferos.

Den 24. Aprilis/4. May. Der Hr. Baron von Wangen sagt daß Ihre Kays. Mt. Dero Vorgeweßene Abreiß von hir wiederumb eingestelt habe, wie dann die vorgestrige Reiß nach Brandeis, Bodibrad vnd Bartewitz auch zurückgangen, ohngeachtet bey die 30 kutschen, vnd alles, wie Ich selbst gesehen, parat gestanden, auch die Cammerdiner, Kuchelmeister, Packwägen schon vorangeschickt vnd nur, biß Ihr K. Mt. in Dero Kays. Wagen stiegen, gewartet worden, nach 9. Vhr Vormittag ist alles contramandirt. Die Vhrsach Dißer schleunigen änderung war curiös nachgeforscht, Etliche sagten daß ein Courrirer Eilfertig kommen sey, mitbringend, der Frantzos hette sich Straßburg genähert, dißes wollte daher confirmirt werden, weil alßobald der Fürst von Schwartzburg (so ebenfalß, umb nach Döplitz ins Bad Zureißen, seine Leuthe voran geschikt, vnd mittlerweil im Kays. R. Hof Rath den H. Grafen von Windischgrätz zum Vicepräsidenten Ernent gehabt) Von Ihr. K. Mt. Einen Zettul erhalten, Umb hir Zu bleiben Vnd nach Hof Zu kommen, dahin auch alßbald Gen. Montecucoli Vnd H. Baron von Abele gefahren.

Mehrere sagten, daß die von Tag zu Tag zunehmende Aufruhr der rebellischen Bauren solches vervhrsachet, absonderlich da sich jetzund die Hanaken, so noch bey Vngern in Gebürgen vnd Wäldern sich vfhalten, auch assembliren, Diße sollen von Denen Petrovsky sein, welche im 30 Jährigen Krig vermittels Ihren schwartzkünstlerischen Verblendungen, Versagung des Gewöhrs vnd gewissem Schießen ihrer gezogenen Descheken, Der Schwedischen Armada so viel Abbruch gethan, die meisten aber confirmiren daß Ihre Mt. die Regierende Kayserin zwar bey der Verwittibten Kayserin weren den Tag Vorhero Zur Tafel vnd mit Zureißen Willens geweßen, hetten sich aber den folgenden Tag gar Vbel befunden.

Alß nun Ihre K. Mt. nach ingestellter Reiße von 11. biß halb 1. Vhr Dem H. Ambt mit großer Andacht continuirlich kniend in der Schloßkirchen bey S. Sigismundi Capell beygewohnet, sind in wehrendem musiciren S. K. Mt. von denen 2. Zwergen Vnterschiedliche Posten, wie ich selbst an der Capell stehend gesehen, angebracht,

Vnd darauf durch die Cavalliers bestellet worden, man muthmaßet, es sey Diß alles wegen des großen vfruhrs der Bauren, dann es bringt keiner keine Lebens Mittel vom Land mehr in die statt, aus Furcht sie incarcerirt werden möchten.

Ein hißiger Procurator so denen rebellishen Bauren schrifften aufgesetzet, nahmens Kaurtzenßky, sitzt vmbs Leben gefänglich. Der Graf Serin von Gnad. ist bißher in Vngarn wider die rebellen geschikt geweßen, von Ihnen gefangen, Vnd (welches nachdenken vervhrsachet) ohne Entgelt wider loß gelassen worden, wie mir nun nechstdeme, waß in Pragschen Blättern Zu leßen steht, auch erzehlet worden; So ist diße Wochen Kundschaft eingeloffen, Er, wann S. K. Mt. verreisen würden, mit Einigen Vfpassen wollte, nach eingestelter Reiß hat man erfahren, Daß Er sich in der Altstatt in Einem Engen Gässlein Vfhalte, Deßwegen Nachts Vmb 10. Vhr mit 50. Musqvetirern vfs Kays. Schloß ist gebracht Vnd in weißen Thurn gesetzt worden. Dem Frantzöischen Envoye Mr. Vitry soll ohnlängst ein groser Wechsel hir ausgezahlt worden sein, Vnd Er sich ex Singulari status ratione Vfs Land gemacht haben.

Den 28. Aprilis./8. May. Es wird alhir, leider! von Tag zu Tag schlechter, maßen gestern Zwey in der Altstatt Vnd Ein Persohn Vff der klein Seiten auf freyer straßen darnider gefallen Vnd Tods verblichen.

Der Treue Gott verleyhe nur ferner Gesundheit! Die nechst Verwichene Wochen sind, außer Denen so bey nächtlicher Zeit weggebracht worden sind, 135. Persohnen gestorben.

Der Graf Serin ist 7 meil von hir nach Sbihove in ein vestes Schloß geführet worden, mir ist erzehlet: Ob habe Er Ihre Kays. Mt. auffangen vnd die Hanäken Ihme zu Hülfe kommen wollen, Dem von Hofkirchen seye nachgeschiket, Deß Böhm. Cantzlars H. Vetter Graf von Nostitz habe, nach beschehener Warnung, die Flucht genommen, Dem Capliers were ein Stattarrest angekündiget, en fin, Seine Kays. Mt. Trauten fast Niemand mehr als Treyen, auch Ihre Mt. Die Regirende Kayserin nur einigen gewissen, alß freyl. Kinsky, freyl. Fugkerin etc. etc. übrige complirten numerum. Der König aller Könige Erhalte Doch diße allergottseeligste Mt. Mt. Vor Vntreuer Nachstellungen, vnd eröffne noch ferner solche Böße Anschläge, wie bißher in Zeiten geschehen.

Weilen die der Judenstatt angräntzende Häußer auch inflammirt werden, sollen, Wie Ich vernommen, Die Böhmische Inwohner, wann sich die jetzt noch hir deßwegen subsistirende Juden, (Daß Sie denen Christen, welche durch jene mehrentheils Ihre Wahren haben versilbern lassen, mit schulden Verhafftet sind,) aus Ihren Häußern nur blicken lassen, mit Schroth auf sie loschießen, Die aber von hir Vfs Land gezogen, Theils Hungers gestorben, Theils, weiln sie nirgentwo durchgelassen noch aufgenommen worden, angesehen Einige Ihren Wirth, aus Mangl Gelts, mit Waaren bezahlt, Dadurch, bey deren Nutzung, ein gantzes Haus angesteckt, Vnd ausgestorben, im Feld erschlagen sein. Der Höchste ändere diße gefährliche Zeit.

Den 1./11. May. Heut bin ich noch asseurirt worden, Daß bey dißem Zustande, da bißhero nicht allein in der altstatt, kleinen Seiten vnd Neustatt (alwo die Schuhlen schon geschlossen sind) sondern auch auf der Schloß: Stiege Etliche darnieder gefallen, ja gar in der Kays. Residentz Einige Diner gestorben; Ihre Kays. Mt. sich vest resolviret hetten, Ehistens nacher Lintz Zugehen, Vnd nur Einige Wenige Ministros mit sich Zulassen, mit Bestellung Einer scharpffen Wache, Daß niemand hinein passire, Er habe dann Zuforderst eine langwierige guarantaine ausgehalten, seine mobilien Vnd kleidungen, nichts ausgenommen, Zurück gelassen, Vnd wie Er geht und steht hinein komme, Damit Derselbige Orth nicht auch durch die kleidungen, alß hir geschehen, inficirt werden möchte.

Weilen dann bey dißer mutation die Judicia sich ebenfalß Zerschlagen, die Herrn Räthe auf Ihre Güther reißen, sich Salviren, vnd biß mann einen andern sichern Orth Zu denen Gerichten hat ausersehen, schwerlich dißen Sommer wider assembliren werden.

Den 5./15. May. Die Röm. Kay. Mt. sind zwar Dato noch hir, jedoch Bey der resolution Verblieben, wofern die contagion dermaßen, wie Täglich beschiehet, continuiren vnd Zunehmen würde, sich bey instehender Wochen weg: Vnd an Ein solchen Orth Zubegeben, Da Sie eine Zeitlang, Vmb viel vnd offtmalige Reißkosten Zuspahren, Verweilen könten, Vnterdeßen haben Ihr. Mt. allgdst. befohlen, Daß Diejenige Cavalliers, so bey Hof Zu negotijren und Kayserl. Dinsten abzuwarten haben, mit Einem page oder Einen Laqvayen, nacher Hof kommen, Die Vbrigen Diner Zu Hauß lassen oder Vf Ihre Güther schiken.

Dießelbige Stands:Persohnen aber, Deren Mann bey Hof nicht benöthiget ist, sich auf Ihre Herrschafften Begeben, Vnd Theils Damen in die Klöster gehen solten, umb Zu verhüten und Zu verbieten, damit durch so ein große Menge der Hofbedinten, Die infection nicht desto eher Vnd mehr einreißen könte, dann obwohln die Lufft alhir, Gott Lob, noch gantz rein ist, so wird doch Ein Mensch von dem andern, wo mann sich nicht wohl mit praeservativen Versiehet, auch gantz Vnvermerket angesteckt.

Der Treue Gott hat mich biß Dato gnädiglich Bewahret, Vnd alßo geführet, daß, wann jemand in der Gegend meines qvartirs krank ist worden, ich es alßo Bald· erfahren, Vnd das logement Verlassen habe, welches die Vhrsache ist meines Vielfältigen Mutirens deß Zimmers. In der Vergangenen Wochen sind ohne Die, welche man des Nachts hinaus geführet Vnd im Lazareth Begraben hat, 195. Persohnen offentlich in der Statt Zur Erden Bestattet, Vnd in der Neustatt Bey Mariä Schnee, Einige Tag hero über Einhundert mit dem H. Sacrament Vnd letzten Öhlung Versehen, besag Beyliegenden continuirung deß mir von Einem geistlichen communicirten kranken Zettuls, Vnd Präg. Blättels.

Mann hat mir en confiance erzehlet, daß Einige durch den Scharpf Richter (welcher mit verbundenen Augen in ein Gemach geführet, Vnd nach eilfertig: geendigter execution auf eben solche Arth wider heraus gebracht worden,) in der stille (Villeicht Von denen Conspiranten) hingerichtet seyen, Wegen der noch währenden inquisition darff mann specialiora Zuschreiben sich nicht recht erkühnen, da etwa die Briefe intercipirt werden möchten; — auch ist jetzt nicht wenig gefährlich, Eine Sache Bey Ihrer Kays. Mt. durch Einen Kays. Ministrum recommendiren Zulassen, Da man nicht vergewissert ist, in quo Gratiae statu consistat, Deßwegen Bey dißem so hohen, Vnd delicaten Hof sehr caute Zugehen.

Bey deß Cammer Präsid: Judicio delegato sind Kays. Commissarij. 1) Der Fürst von Schwartzburg. 2.) Graf Nostitz. 3.) Der Hof Marschall Grf. Zintzendorff. 4.) Pater Emmerich. 5.) H. Baron Abele.

Continuatio

illorum consignatorum Infirmorum in nova civitate, quibus PP. Franciscani ad S. M. ad nives A. 1680 sacramenta administrauere.

April.	die 29.	fuerunt apud 16. febricitantes & 2. pestiferos.
„	„ 30.	apud 12. febricitantes & 3. pestiferos.
Maji	die 1.	apud 3. febricitantes.
„	„ 2.	apud 5. febricitantes & 1. petechziatum.
„	„ 3.	apud 8. febricitantes & 1. bubonizatum.
„	„ 4.	apud 16. febricitantes & 2. petechziatos.
„	„ 5.	apud 18. febricitantes de plebe.
„	„ 6.	apud 7. febricitantes.
„	„ 7.	apud 9. febricitantes pauperes.
„	„ 8.	apud 16. febricitantes pauperes & 1. infectum.
„	„ 9.	apud 22. febricitantes pauperes & 2. infectos.
„	„ 10.	apud 20. febricitantes & 3. infectos.

Summa . 167. agonizirende Personen.

Den 8./18. May. In dißer Wochen sind, außer denen, so bey nachtlicher Zeit hinausgetragen, Vf der kleinen Seiten 17. Vf der Altstatt 54. Vnd in der Neustatt 134., Zusammen 205 Persohnen Bey Vnterschidlichen Kirchen alhir in der Statt offentlich begraben worden.

Heute Mittags geht der Kayserl. Leibkutscher Vf die kleine Seiten an den Fleischbänken her, fält Vnvermerkt darnieder Vnd bleibt Todt, welches bey Hof ein abermahlig nicht geringen schrecken erwecket; die Anzahl der Menschen nimbt hir augenscheinlich ab, Vnd anjetzo noch mehr, weilen von Tag zu Tag die meisten Hof Bedinten sich weg und nach Wien Begeben.

Ihre Mt. die Verwittibte Kayserin werden bey Instehender Woche mit der Jungen Herrschafft auch von hir abreißen, doch wird nicht geglaubt, Dass die Röm. Kays. Mt. gäntzlich aus dißem KönigReich sich Begeben werden, weilen vor gäntzlicher debattirung derer Vfrührischen Böhm. Bauren bißher geführter Gravaminum, ein größerer Vfstand Zu befürchten stünde.

Mann will erzehlen, ob hette sich der geweste Hof Cammer Präsident erbotten, Ihrer Kays. Mt. alle seine Güther, die sich Vf etliche Million erstrecken sollen, gutwillig Zuüberlassen, wann Seine Mt. Ihme nur, Weilen Er sehr alt were, ad dies vitae Eine Ehrliche alimentation allgdst. anweisen wolten.

Item ob hette der reiche böhm. Graf von Teernyu sein hir aufgebautes kostbahres Vnd gleichsam Fürstls. palatium bey Ihrer K. Mt. propter rationem aliquam politicam, sodann seine prätension Vf die Statt Melnick bey der Regirenden Kayserin Verspielet, jenes aber hetten Ihre Kays. Mt. dem Ertz Hertzogen Joseph alßobald Verehret. Ihre Kays. Mt. haben gestern bey denen Carmeliter Nonnen Mittag gehalten.

Den 12./22. Maij. Weilen die contagion alhir Täglich weiter einreißet, So haben Ihre Kays. Mt. sich nunmehr würklich wegbegeben, Vnd Dero Aufbruch nach Brandeis wie folget gehalten:

Den 10./20. hujus sind im Kays. Schloß Platz Vfm Ratschien früh Morgens Über Hundert last Wägen Vnd Landkutschen gestanden, mehrentheils mit 6. 7. biß 8 Pferden bespannet, darauf alle und jede mobilien eingepackt Vnd biß gegen 4. Vhr nach Einander weggeführet worden, Vmb 11 Vhr wurde Vom Ratschien Vnd kleinen Seiten herunter Über die Brücken durch die Altstatt 80 Hand- vnd die schönste schulpferde nach der reyhe, mit schwartz und gelben Decken über denen Sätteln, Voran geführet, neben welchen die Bereuther ritten.

Alß die Röm. Kays. Mt. Vmb 5 Vhr Nachmittag in Dero Kays. wagen gestiegen, entstunde Ein Gewitter Vnd Regen, Zwey Kays. Trompeter ritten vorher, Einer vmb den andern in die Trompete stoßend, nach Dißem folgten 12 Kutschen jede mit 6. Pferden bespant, Darin fuhren die Cavalliers Vnd Hof Ministri, hirauf zogen 6 kostbahre Braune muthige Pferde den Kayserl. sonst genanten Jagt: Wagen, welcher Vnten etwas schmahl vnd Eng, oben aber breit und weit, auswendig grün und stark verguldet Vnd mit den kostbährsten Venetianischen Gläßern ausgezieret war, Vf deßen Einer Seithen sassen Ihre Kays. Mt. mit Einem Haarfarben in Gold gestickten kleide, roth Vnd weißen federn Vfm Hut, angethaner, Vf der andern Seite Ihre Mt. die Regirende Kayserin schwartz bekleidet, hirauf folgten die Kayserl. Edelknaben nicht in Ihrem gewöhnlichen habit schwartz Vnd gelbem Sammet, sondern in Einem Braun sauberen Tuchern kleid, Deßen Wambst mit kurtzen schößen Vnd Zwey flügeln mit goldfadenen Knöpffen besetzt, ausgemacht war, alle zu Pferd, hernacher noch 2 Kayserl. Trompeter Vnd beynahe 80. Hartschierer, letztlich acht kutschen, Darin die Hof Damen Vnd Kays. Frauenzimmer gesessen, aus dißer mitgeführten großen Bagage hat jedermann geschlossen, Daß Ihre Kays. Mt. nicht widerumb anhero kommen würden, absonderlich da Heute die Junge Herrschafft auch folgen soll, Wegen grassirender infection scheuet hir Einer den andern, Vnd ist bey denen Kays. Ministris in dißer Zeit gar schwehr audientz zu erhalten, Viele Agenten reißen von hir nach Wien, Vnd die frembde haben sich mehrentheils schon Vfs Land retiriret. Die Medicamenta fangen schon an bey den Apotekern Vnd Materialisten gantz rar Vnd Theur Zu werden, weilen fast niemand ist, Der sich nicht, so viel möglich, contra luem hanc venenosam praeservirt. Gott lasse alles Zur Seeligkeit gedeyen.

Den 19./29. May. Eß wird aber vor jetzig Vorseyender schließung derer Judiciorum nichts vorgenommen, weilen, wie Mann vernimbt, nur publica, Vnd waß bey dießer von Tag zu Tag zu nehmender Pestzeit Zuthun seye, mehrentheils deliberiret wird, Die Schuhlen und Collegia sind geschlossen, keiner kompt zum andern, Vnd ist eine große Furcht unter den Leuthen, in Ansehung so Viele auf freyer straßen darnieder fallen, Vnd plötzlich sterben, ohnangesehen sich schon etliche Tausend Persohnen von hir Salvirt, die menge der Leuthe gemindert, Vnd in den Häußern Lufft gemacht haben, So ists doch noch ein mühseliger Zustand alhir, Indem wohl 10. kranken Ersterben, Ehe mann Einmahl Einen Medicum oder Balbierer antreffen kann. Die Gahrküchen und Schenkhäußer, oder vielmehr die darin bißhero geschehene Zusammenkünfften sind Vf der kleinen Seiten diße Wochen schon inhibiret.

Den 22. Maij./1. Junij. In jetz verwichener Wochen sind vf der klein Seiten 40. vf der Altstatt 35. Vnd Neustatt 246. Zusammen 321. Persohnen offentlich Begraben worden, waß in das Lazareth getragen, Vnd heimlich Vntergescharret ist, will mann aus besorgendem schrecken nicht offenbahren, doch ist publiq, Daß von der Soldatesca an dem Einigen Tag, Vorgestern 40. ins Lazareth gebracht sind; Ein so große Hitz, alß dißer Zeit hir ist, gedenkt vielen alten Leuthen nicht, Deßhalben Der Gott hoch zu danken hat, welcher nach seinem göttlichen Willen, Von disem jähen Tod liberiret wird; Morgen soll, wie ich von Einem Bekanten am Consistorio vernommen habe, offentlich verkündigt werden, daß man keine Predig mehr halten, sondern ein jeder mit den Seinigen ein fleißig und andächtige devotion Zu Hauß haben, sodann alle Morgen Vmb 8 Vhr läuten soll, damit ein jeder frommer Christ, Vmb der fünf Wunden Christi Willen, vor abwendung dißer grassirenden Plage Vnd inficirenden Seuche jedesmahl 5. Vatter Vnser Vnd 5 Ave Maria kniend beten möge. Den 26. Mai/5. Juni. Mittlerweile hab ich mich jetzt in G. N. resolviren müssen, Morgen gelibts Gott, nebst dem Reichs Agenten Fabricio aus Nürnberg (welcher Vnter allen Sollicitanten vnd Agenten alleine noch hir ist) mit der Post nach Eger zu gehen. Innerhalb denen nechsten 3. Monathen wird schwerlich etwas Zu negotijren seyn, weilen Welß Dem Judicio Imperij Aulico nur probabiliter assigniret, Vnd nicht gewiß ist, ob, wann vndt wie lang daßelbige alda subsistiren dörffte, darumb auch ein Jeglicher Reichs Hof Rath sich auf seine Güther Vnd nach Hauß begeben hat.

Am Montag ist deßen ein würklicher Anfang gemacht worden, Daß, wann Vmb 8 Vhr mit allen Glocken geläutet wird, jedermann Vf fryer Straßen Vnd in den Häusern, Den Allmächtigen Gott, Vmb abwendung der hir graßirenden schädlichen Seuchen, niederkniend demüthigst anruffet, welches sehr kläg: Vnd beweglich ist; Eß wird in keiner Kirch mehr gepredigt, umb durch meidung der Zusammenkunfften die Anstekungen Zu verhüten.

Gestern Vnd Vorgestern ist die hiesige Moldauer Brücke so voller reisenden Vnd Packwägen gewest, daß kaum Eine Persohn hat gehen können. Deß H. Margraf Louis von Baden F. Dhl. ist gestern mit allen Dero Bedinten Vmb 12. Vhr von hir abgerucket; Weilen Eß jetzt ebenfalß Zu Prandeiß anhebt Zu sterben, schon 7 Häußer geschlossen, Vnd etliche Hartschierer gestorben sind, auch Zu Pardewitz, Podivrat Vnd Lintz nicht gar just mehr sein soll, alß sagt man, ob würden Ihre Kays. Mt. mit Einer noch Engeren Hofstatt nach Budeweiß gehen.

Gestern nachmittag sind aus dem Altstätter Gefängniss Drey Malefitz-Persohnen mit Ketten geschlossen heraus gelassen Vnd ins Lazareth geführt worden, Daß Sie daselbst denen Kranken warten sollen. Ihre Mt. die Verwittibte Kayserin ist am Montag von hir nach Königgrätz gereist.

Gaßnitz vorm Egerischen Pass, in des Wirths scheuer den 3./13. Juni. Den 7. Jun. st. n. bin ich mit dem Kays. Reichs-Hof-Raths: Agenten D. Georg Fabricio, aus Mangel anderer Gelegenheit, Von Prag aus nach Egger Zu auf der Post gereißet; Ob nun Zwar wohl auf dießer Reiße Vnß jedermann sehr hart begegnet, Vnß, weil wir von dem contagiosen Prag gekommen, gescheuet, geflogen, nichts zu

essen geben, Viel weniger mit Vnß reden wollen, ja wo wir nicht
die Post gehabt, nirgents wo Eingelassen, auch ohnangesehen der-
selben, eine Stund Vor Egger alhir Zu Gaßnitz am pass Vnß gar nicht
passiren lassen, Vil weniger daselbst zu Subsistiren dem Wirth erlauben wollen, so gar daß wir mit allem Bitten Vnd ernstlicher Erinnerung Zur Christlichen Liebe bey einbrechender Nacht kaum
erhalten können, in Eines Bauren scheuer Vfm Stroh Vnß aufzuhalten,
welche miserable Begegniß mein Diarium[1]) weitläufftig: Vnd umb-
ständlicher describiret; So werde doch dißes alles gerne ausstehen,
wann nur der Treue Gott mir ferner Gesundheit verleyhet, Vnd meine
wenige Persohn capable machen wirt, die mir aufgetragenen hohe
affaires zu expediren.

 Wir haben Zusammen an des H. Marggrafen zu Bayreuth F. Dhl.
Vnd den H. Commendanten Czecksa nach Egger umb passirung geschrieben, Vnd gebetten, daß man vns Zur gewöhnlich: Vnd Billigen
quarantaine ein gewissen Orth Bestimmen möchte; So bald nun die
Gewißheit deß Orths, wo der Kays. R. H. Rath hingelegt wird, an
Tag kompt, werde mich, gelibts Gott, nach ausgestandener quarantaine, Vngesäumt dahin Verfügen.

 Die Herrn R. H. Räthe Von Blittersdorff Vnd Schellerer liegen in
der Vorstadt Egger, Vnd werden nicht eingelassen, ohnangeschen
dieselbige noch zeitlich, vor schliesung deß passes, arriviret sind.

 Mühlbach, eine Stunde vor Egger den 11./21. Juni. Da wir
nun nebst 2 Kays. proviant: officirern die H. Pfingst: feyertage über
Zu Gaßnitz in einer alten scheuer Trübsam Zugebracht, hat Vns Endlich der Magistrat in Egger, zwar nicht in die Statt noch Fauxbourg,
sondern so weit erlaubt, daß wir durch den pass, Eger vorbey, nacher
Mühlbach eine stund von dem Barcutischen pass Schierending Vnß
begeben dürffen, so auch den 14. st. n. geschehen, continuire alßo
jetz alhir die gewöhnliche quarantaine mit denen Mitgefährden.

 Alß in Gaßnitz gelegen, sind 400. Kayserl. fußvolker, so in
Erfurthischen garnison gewesen, Dardurch Vnd nach Pilsen marchiret, warumb aber selbige, eben zu der Zeit, Da Seine Chrfrl. Dhl.
von Maintz daselbst arriviret, aus Erfurth weg Vnd anderst wohin
commendiret sind, hat man nicht penetriren können, gemeine Soldathen gaben vor, daß die Burgerschaft difficultirt hette, ob ſie ihr

---

[1]) Dieses „Diarium" ist verloren gegangen.

deren Vnterhalt zu schwer, es seyen nur 100. Mann von Kayserlichen in der Statt verblieben; Der Churfürstl. Einzug in Erfurth soll sehr magnifig geweßen sein.

Die Herrn R. H. Räthe von Plittersdorff Vnd Schellerer halten sich jenseit Eger beym Saurbrunnen auf, sind noch nicht vergewissert, wo und wie bald der K. R. H. Rath seinen Anfang wider nehmen dürffte, Vermeinen zwar zu Ende deß July oder Bey angehendem Augusto.

Sobald deßwegen nebst dem R. H. Raths Agenten Dr. Fabricio die Erlaubniß durchs Bareuthische Zu passiren erhalte, werde ich, nachdem sichs, wie mann assecuriren will, Zu Wien, Lintz vnd Welß herumb Zur Besserung, Gott Lob, anlässet, vnd auf solche Arth der K. R. H. Rath vermuthlich der Orthen Verlegt werden dürffte, meine Reiße auf Nürnberg vnd (weiln mann ohne 4. monathliche quarantaine vnd Vorhergegangenes Jurament durchs Bayerische nicht gelassen wird) nach Vlm Zu nehmen, sodann Vf der Donau an obgedachte Örther Eines.

Je weiter mann jetzund aus dem Reiche her an dieße Örther kommet, je ehender und freyer mann passiret wird, auch Einen Bessern Zutritt, Vnd admittirung bey hohen Ministris haben kann, Ins Reich aber Zu kommen aus Östreich, Böhmen, Schlesien Vnd der Orthen, ist kein Einiger pass, als der Bareuthische, offen geweßen, so nunmehr auch gäntzlich abgeschnitten, Vnd nur Denen, die wir schon durch die 2. eußerste pässe passirt sind, noch durchzukommen Hofnung Vbrig gelassen ist; Der Höchste Gott verleyhe nach seinem göttlichen Willen angenehmere Zeiten.

Mühlbach den 18. / 28. Juni. Nachdem Ich nunmehro in die dritte Woche umb Eger herumb, jetzt hier zu Mühlbach ohnfern deß Bayreuthischen passes Schirrending, meine quarantaine mache, Vnd nebst dem R. H. Raths Agenten Dr. Fabricio der Hofnung lebe, Von Herrn Marggraf Christian Ernsts Fürstl. Dhl. Von Bayreuth mit Einer gnädigsten Durchpassirungs-Resolution Ehist Begnadiget Zu werden; So werde alßdann die Anheimreiß durch Nürnberg beschleunigen, Im fall aber Der transitus Vnß Beeden abgeschlagen würde, wie es fast das Ansehen gewinnen will, maßen dem Lieutenant Hanß Philip Sigmunden von Magowitz Vf Fenßla seine gantze compagnie an den pass geschikt, vnd gestern dabey befohlen worden, bey Verlust Guth und Bluts niemand mehr, wedder von Egger zu Ihnen, noch ausm

Bayreuthischen hierher, passiren zu lassen, werde ich zu Dreßden, durchs Sachßische passirt zu werden solicitiren lassen müssen. Die Königl. Statt Egger betr. So höret mann diß Orths von keinem, daß ein Einiger inficirter darin gefunden würde, nichts daweniger Thut mann selbe, fast eben alß Prag, Bannisiren. H. R. H. Rath Schellerer hat aus Egger anhero geschrieben, Dass Ihre Kays. Mt. den 4. July von Partewitz aufbrechen, Vnd dafern gesunde Lufft verbleibet, sich nach Lintz Begeben werden, alda gegen den 15. Juli deliberiren Zu lassen, wohin die Judicia zu translociren seyen; mann vermuthet Seine Kays. Mt. werden vf Regenspurg reißen.

1681.

Den 27. Septembr: bin ich gantz früh durch H. Hof:Rath Pettmann abgefertigt, mir die geheime Instruction, creditiven vnd alles andere vberreichet, vnd auß dem fürstl. Marstall 2. Pferde mit dem Stallknecht, Wentzel Jungen, für den gulden Löwen gebracht worden, hab mich alßo darauf, nach gemachter Richtigkeit im Wirtshauß, in Gottes Nahmen vf die Reiß begeben, Zu Spitzen Altum, welches ins Amt Bobenhausen dem H. Grafen von Buschweiler zugehöret, gefüttert, nachgehents Zu Beßelbach am Speßderwald mit denen fürstl. Pferden ankomen, daselbst den Sattelknecht lassen Zurück reiten, vnd 2. Postpferde vber den Speßdert genommen, gegen Abend bin über den Wald zu Eßelbach Ankommen, daselbst abermahls vff eine Post Pferde genommen, vnd in der Nacht biß nach Remlingen geritten, daselbst coenirt, vnd ein wenig geruhet, weil ich doch deß Nachts in Würtzburg nicht were eingelassen worden.

Den 28. September bin ich vmb 3 Uhr früh morgens mit 2 Post-Pferden aus Remlingen biß Würtzburg geritten, daselbst abermahl auf 1 ½ Post biß Kitzingen 2 Post Pferde genommen. Von Kitzingen mit 2 Post Pferden biß nach Podeßen, alhir von H. Leonhard Steffen Frießen 2 Post Pferde genommen biß nach Langefeld, daselbst bey Joh. Paul Becken 2 Post Pferde biß Ennßkirchen bezahlt, von Ennßkirchen fuhre ich in Einer PostCallesch, vmb ein wenig auszuruhen biß nach Fahrenbach. Daßelbst nahm ich 2 Post Pferde biß nach

Feucht, vnd muste in der Demmerung bey Nürnberg vorbey reiten vnd vor 2 Posten biß nach Feucht zahlen, daselbst kame ich in der Nacht an, ruhete ein wenig.

Den 29. Septembr: bin ich früh morgens mit 2 Post Pferden biß nach Poßbaur geritten, woselbst zwischen Ferrieden vnd Poßbaur ein Bayrischer Paß ware, alda bey Eröffnung deß schlagbaums mein Paß vnterschrieben werden muste. Zu Poßbaur nahm 2 Post Pferd, ritte durch Newmark eine Bayrische Statt, da meine Fehde vnterschrieben ward, biß nach Theining, von dar mit 2 Post Pferden biß nach Parßberg, von hier mit 2 Post Pferden biß nach Labor, vnd alda 2 Post Pferden genommen biß nach Regenspurg, daselbst ich nachmittag gegen 3 Vhr ankommen bin, mich in guldnen Adler einlogirend, daselbst gespeist, habe mit einem Schiffman, nahmens Adam Hernel, vff ein Schiff biß nach Wien gedinget, Er wolte 25 rthlr. haben, waren Endlich biß 19 rthlr. Eins, begab mich darauf in nomine Dei ins Schiff gegen 5 vhr, fuhrn im Nebel, musten jedoch deß Nachts still halten wegen gar zu dicken Nebelß, vnd daß das Schiff vff einen Sandhaufen kommen, im Schiffe pernoctiret. Traff meinen Diner Hanß Veit Vogler Unterwegens an, welcher beym H. Abgesandten Scheffern zu Regenspurg gedient gehabt.

Den 30. Septembr: fuhren wir in Gottes Nahmen früh: fort, bey Straubingen, Deckendorff, AltEich, vnd Hofkirchen Vorbey, in diser Gegend muste der Schiffman, wegen deß starcken Nebelß still halten, en resgard, daß alda Viele grose Klippen, Sand vnd steinkugeln sich befinden.

Gott sey Danck vor Erlebung dieses monaths, Er helffe in gnaden weiter.

Den 1. october reisten wir mit Gott weiter auf Vilßhofen, Sambach, Passau, woselbst die Häußer vor wenigen Monathen ganz abgebrandt, vnd nichts alß rudera Zusehen waren, alhier begegnete mir der Spannische Courrirer, welcher vor ein Schiff 30. rthlr. gegeben hatte, wir fuhren en compagnie mit den 2 Schiffen Eilends fort auff Ascha, Lintz vnd Hochel, daselbst, wegen deß Nebelß, wir still halten musten, dann der Strudel vnd Wirbel nicht weit von hier. Gott halffe, deme höchster Dank davor, glücklich durch beides, wiewohl es sehr windicht vnd wellicht ware, fuhrn in der Nacht fort, vnd kamen

Den 2. Octobr: bey Enß, Sternberg vnd Jpß hin, nachmittags kam ein starker contrarer Wind vnß entgegen, daß die Wellen etlichmahl ins Schiffe kamen vnd das Schiff ofters hoch in die Höh hube vnd wider nieder warff, kame doch mit göttl. Hülf, Nachts vmb 10 vhr vor der Kayserlichen Residentz Wien an, blieb im Schiff liegen, weilen in der Rossau nirgends mehr vnterzukommen war.

Den 3. octobr: ließ ich meine Sachen in Steuerhof Tragen, danckte dem Allmächtigen Gott, für seinen vätterlichen, vff dieser eilfertig Reiße mir geleisteten Schutz vnd Kräffte.

Den 4. octobr. bin ich nach beschehener Befriedigung deß Wirths im Steurhof in das bey H. Franz Säher gemiedete Zimmer vf der Hohen Brücken eingezogen, nachmittag beym H. R. H. Rath Portnern audientz gehabt.

Den 5. octobr: habe H. R. V. Canzlars Excell. alß welche wegen dero Krankheit mündlich nicht habe sprechen können, das fürstl. Schreiben durch den Leibpagen lassen übergeben, Item H. Grf. von Windischgrätz mein creditif vberschicket, H. Hofcanzlar Baron Hoher, H. Fürst von Schwarzenberg sind bey I. K. Mt. Zu Oedenburg geweßen, HH. R. H. Rth. Schellerrer vnd Brünning waren spatzieren gefahren, heut hat sich der sehr große Mann à 22 Jahren, Nahmens Johan Sand, sehen lassen, im guldnen Hirsch, welchem die gröste mans-Persohn mit Aufgesetztem Hute vnterm Arm hergangen ist.

Den 6. octobr: Bin ich Zum H. R. H. Rath Antlern, welcher weit hinaus im neuen Bau wohnet, wie auch zu denen übrigen R. H. Räthen gefahrn.

Den 8. octobr. speiste beym H. Resident Schrimpf, machte mich Zur Reiß vf Oedenburg fertig, vnd setzte mich nachmittag auf eine Wienerische Landkutsche, reiste Von Wien auf Nevsiedel, Hoau, alwo eine Post ist, Kodich-Ebersdorff, Weipersdorf biß nach Wampersdorff, daselbst pernoctirte.

Den 9. octobr: früh morgens fortgereist durch Wimpassing, Prodersdorff od. Hornstein, Mühldorff, ober: vnd vnter Hevelein, Klingenbach biß nach der Vornehmen Statt Oedenburg in Vngarn, alwo mittags vmb 10 Vhr ankommen, habe in: vnd außer der Statt keine Cammer, Vilweniger Stuben haben können, wegen der vielen Vngarischen Magnaten vnd Gesandten, so auf'm Landtage geweßen, bey dißem Zustand hat H. Johann Andreas Schubart, nobilis Hungar:, ohnerachtet Er 4. Kayserlichen Ministris quartier geben müssen, mich in sein Zimmer aufgenommen vnd mich mit Ihme Essen lassen, nach gehörter Predig deß H. Sobitschens im Bethauß, habe mich bey dem

Kayserl. Thürhüter umb audientz bey Ihr. Kays. Mt. Zuerhalten, angemeldet, welches noch selbigen Abend placidirt vnd von Ihr. Kays. Mt. die 6 Vhr mir allrgdst. angesetzet worden, vmb diße Zeit praecise habe mich in meinen Sammeten Rock vnd Degen, ohne Mantel (welches hier zu Oedenburg, alß vff der Reiße erlaubt worden) bey Hofe eingefunden, alß es 6. geschlagen, vnd Ihr. Kays. Mt. ein Liecht angezündet worden, ruffe mir der Kays. Anticammer: Thürhüter, H. Heiter, daß ich in das Kayserl. Gemach (dann ich wartete vnd gieng auf vnd ab in der Kays. Anticamera) zu Ihrer Kays. Mtt. Tretten vnd zur Audientz kommen solte. Darauf Tratte ich ins Kays. Gemach. Ihr. Kays. Mt. Leopoldus I. stunden oben am Tisch in Einem schwarzen Kleid mit gold gestickten Ermeln, Degen vnterm Mantel vnd rothen Federn vfm Hut, sobald ich vor den an der Thür gestandenen Schirm kommen, vnd Ihr. Kays. Mt. ansichtig worden, habe ich das erste Tieffe compliment gemacht, In der Mitten deß Kays. Zimmers das 2. Spannische compliment, vnd nah beym Kays. Thron die dritte Tieffe reverentz, darauf angefangen die proposition zuthun etc. etc., habe das fürstl. Schreiben mit einer Tieffen reverentz in Sr. Kays. Mt. Hände, allerunterthänigst überreicht, welches Seine Mt. allergnädigst angenommen etc. etc. vnd mit allergnädigsten minen geantwortet etc. etc. Hoc finito machte ich vorm Kayßerl. Thron eine sehr Tieffe reverentz, sodann in der Mitten deß Kayserlichen Salß vnd am Ende deßen, ohnfern des Schirms, ein dergleichen Spannisches compliment, so lang alß das geschah, haben I. K. Mt. mich angeschauet, vnd alß ich an der Thür gewesen, sich vmbgewandt, vnd das f. Schreiben erbrechend verleßen. Fünf hatten diesen Abend audientz, darunter ich der 2. war, der Erste war ein Baron, so bey Chursachsen Geheimer Rath geweßen. Alß ich wider in die antichambre kommen, meldeten sich die Kays. Bedienten vmb die Gebühr an, gab Ihnen wie folget vnd gewöhnlich ist. „Dem Ritter-Saal Thürhüter 1 rthlr., denen anticammer Thürhütern 2 rthlr., denen 6 Cammer Trabanten 3 fl., denen Hartschierern 4½ fl., denen samtlichen Trabanten 4½ fl." vmb 7 Vhr kam ich wider nach Hauß. Heut sind alle Vngarische Magnaten vnd Stände zusammen kommen vfm Rathhauß vnd grünen stübl, sich vnter Einander beredent, morgen Ihre letztere proposition vnd Schluß I. K. Mt. einzureichen, könnten sie alßdann eine Kays. resolution drauf erhalten, wohl vnd gut, wo nicht, müsten sie unverrichteter Sachen davon ziehen, dann die Kosten fielen Ihnen zu hoch, sie hetten I. K. Mt. eine Armée von 40,000 Mann vor die schon aufgegangene Gelder im Feld erhalten können.

Den 10. Octobr. hab morgens Zwischen 7 vnd 8 bey Ihr. fürstl. Gnaden von Schwartzenberg audientz gehabt, alwo mutatis mutandis die proposition vf obbeschriebene Arth gethan. Er empfale sich zum freundlichsten vnd ging mit mir biß vor sein gemach.

Den 11. octobr. bin ich nach gehaltener mahlzeit in einer oedenburgischen Landkutsch von Oedenburg wider abgereist. Abends zu Wimpassing pernoctirt.

Den 12. octobr. bin, mit Gottes Hülffe, nachmittag Zu Wien widerumb gesund ankommen.

Wien 16. / 26. octobr. Ihr. K. Mtt. der regirende Kayser vnd Kayserin sind noch zu Oedenburg, haben sich vor wenigen Tagen Abends gegen 6 Vhr mit dem Lerchenfang erlustieret. Vor Oedenburg stehen Täglich 2. compagnien Kyrassierer mit ihren Pferden vnd Habiten in parat, Vnd 1 stund von Oedenburg etliche Regimenter in bereitschafft, wann etwa ein Tumult vnter den vngarischen Ständen entstünde, von welchen die gantze Vorstatt (in etlich hundert häußern bestehend) dergestalt erfüllet ist, daß kein frembder passagirrer mehr Platz finden kann, die Kays. ministri sind alle vmb den Kayser herumb (zu dessen Kays. Wohnung etliche grose privathäuser in Oedenburg zusammen gebrochen sind) in der Statt, vnd die vngarische Magnates nebst dem Palatino selbsten vnd andern vngar. ständen in die Vorstatt einquartiert. Dießen Abend ist vmb 4 Vhr bey der h. Dreyfaltigkeits Säule (so wegen der neulichen Pest vfgerichtet worden) vfm Graben ein sehr große procession gehalten, vnd die andacht von vielen Tausend Menschen folgender gestalt verrichtet. α) kamen die Brüderschafften mit Ihren Trompeten, heerpauken, vnd fahnen, stunden rings vmb die Säule herumb (welche oben mit schönen großen fahnen vmb vnd vmb gezieret, vnd mit triangular: vnd pyramidformichten laternen besetzet war). β) wurde die litaney musicirt. γ) von vielen Tausend menschen der Christl. Glaube, das Vatter Vnßer vnd Heilig H. H. ist der Herr Zebaoth, die gantze Welt ist seiner Herlichkeit voll! Ehre sey Gott dem Vatter, Ehre sey Gott dem Sohn, Ehre sey Gott dem Heil. Geist. Dreymahl nach Einander mit heller Stimme gebettet, so dan die vesper celebriret vnd das Dominus vobiscum gesprochen. Welches alles bey Etlichen sehr andächtig anzusehen war, alle Gaßen große vnd kleine waren mit Ketten Zugehenget, damit niemand vber den graben reiten oder fahren konnte, dadurch etwa die Andacht verstöhret werden möchte. Die Rede gehet stark, daß I. K. Mt. Ernste intention seye, daß Vngarische Weßen nach dero contentement, propter rationem status Imperii, schließen zu lassen.

Den 20. octobr. bin auß Wien nach Oedenburg gereiset, zu Wampersdorff prandirt, vnd in der Nacht Zwischen 9 vnnd 10 vhr vor Oedenburg ankommen, da Vnterwegens vmbgeworfen worden, spendirte der Wacht vmb mir das Thor in der Vorstatt auffzumachen, vnd obs zwar vnter denen wilden Vngarn, deren die gantze Statt vnd Vorstatt voll war, sehr gefährlich geweßen, auch niemand recht vnter Dach kommen können, so hat der l. Gott dennoch geholffen, daß ich im rothen ochßen eingenommen worden, dann die Statt schon vest geschlossen geweßen.

Den 21. octobr. Weiln aller orthen die logementer wegen deß Landtags von Vngarn besetzet, hat H. Schubarth mir abermahl die affection gethan vnd mich in seinem Zimmer aufgenommen vnd bey sich speisen lassen. H. Abele vnd H. geheime Secretarius Högl waren im geheimen Rath mittags zu Gast, vnd gegen Abend mit Ihr. Kays. Mt. bey denen Franciscanern in der Vesper, welche mit einer köstlichen Music, wegen des morgenden aller-Heiligen Fests gehalten, alßo bey Ihnen nichts auszurichten war.

Den 23. Octobr: ist das Fest aller Seelen sehr feyerlich celebrirt worden, hab in Gottes Nahmen bey H. Pfarrer Sobitschen gebeichtet vnd sacra σύναξει usus sum, In dem Evangelischen Bethauß, dann die andere Evangelische Kirche alle par force von denen Katholischen weggenommen worden. Eß haben heute vber 1000 Persohnen communicirt, haben noch vnter der Predigt beichten müssen wegen der großen Menge. Heut vnd gestern haben Ihre K. Mt. keine ordinarie audientz ertheilt, wegen der hohen Feyertagen. Der Vngarische Palatinus Graf Esterhaßy fuhre auch zur Kirchen in seinem Pomp. Erstlich ging ein Vngar köstlich gekleidet mitt Einem bunden Fähnl voran, darauf folgten 20 Vngarn vfs schönste in Vngarisch zu Pferd mundirt mit den köstlichen vngarischen Pferden vnd Pferdzeuch, darauff folgte der Palatinus in einer kostbahren Kutsch mit 6. braunen vnvergleichlichen vngarischen frischen Pferden, Er selbst saß in Einem gleichsam Königlichen habit in dem Wagen, nach Ihme kamen 20 Hungarn mit Teschinken vnd Röhren, Pussikahnen, säbeln vnd Tosaken.

Den 24. octobr. habe mich zur Audientz bey Ihro Kays. Mt. der regierenden Kayserin angesaget vnd dißelbige allerunterthänigst gebeten, weiln gestern vnd vorgestern propter solennia festorum keine ertheilet worden, nun vermeinte auch Jedermann es würde auch heut keine Audientz ertheilt werden, weiln I. K. M. das Fest aller Seelen vff heut verlegt vnd celebrirt hatten, nichtsdoweniger ware mir drey Virtel vff 4 angesagt, daß ich vmb 4 Vhr solte bey Ihro Kays. Mt. Audientz haben, muste mich alßo auß dem Stegreif ankleiden, vnd zur proposition fertig machen, Thäte meinen schwartz sammeten Rock an, schwarze Hosen vnd Strimpff vnd lehnte mir H. Adami, fürstl. Eggenbergshr. Secretarius seinen mit spitzen besetzten seidenen Mantel, fuhr alßo in Gottes Nahmen vmb 4 Vhr nach Hof, vnd war ich gantz allein, dem audientz Ertheilet wurde, ward auch alßobald ins Kayserl. Gemach geruffen durch einen Cammer Herrn, sobald nun Ihre Kayserl. Mt. ich sahe, machte ich die 3 gehörige spannische complimenten, vnd thäte die proposition dergestalt wie ich das project vnterth. nacher Darmstatt vberschickt habe, vnd waren die materia oder Ansuchen wegen venia aetatis pour son Altesse Monseig^r. le Prince E. L. Ihr. Kays. Mt. waren sehr kostbahr angekleidet, in schwartzem habit mit köstlichen Spitzen ausgemacht, schwartze Federn vffm Hut, im Mantel vnd Degen, drunter stehend am Tisch vff einem erhabenen Orth, das fürstl. Schreiben, so Ihr Kays. Mt. ich allerdemüthigst vberreichte, nahmen Sie gar allergnädigst an, antwordeten nach beschehener meiner proposition: „Wir haben mit mehrerem, auß Eurem Vortrag vernommen, waß an vnß Ihr. Lbdn. die Frau Landgräfin durch Euch ansuchen lässet; ob wir nun zwar wohl bey jetzigem deß Röm. Reichs Zustande, vnd dißes König. Reichs Landtage mit denen publicis sehr überhäuffet sind, so wollen wir doch nicht ermangeln, das Schreiben zuverleßen, die Umbstände zu vberlegen vnd vnß alßdann, nach deren Befindung dergestalt erklären, wie es die billigmäßige Justiz zulassen, vnd zu des Haußes Darmstatt Nutzen gereichen wird, Ihr könnet Indessen Ihr. Ld. die Fr. Landgräffin versichern, daß wir Ihro vnd Ihrem fürstlichen Hauße mit sonderbahrer Freundschaft vnd Kayserl. Hulden zugethan verbleiben, wie Ihr dann Euch auch vnserer Kayserlichen Gnaden versichern könnet". Hierauff machte ich die gewohnliche 3. reverentzen vnd gienge rückwärts Zur Thür zu. Im Hinausgehen bathen die K. bedinten abermahl vmb die Gebühr, welche sie prätendirten weiln sie jetzt vff der Reise weren, gabe denen 2 Anticammer-Thürhütern 2 rthl., denen 2 Ritterstub Thürhütern 2 fl., denen Cammer Trabanten 4 fl., denen samtlichen Hartschirern 4½ fl., denen samtlichen Trabanten 4½ fl., nach dißem habe ich mich alßobald beworben vmb audientz bey Ihr. Mt. der regierenden Kayserin Eleonora Magdalena Theresia in p°. obgedacht. negotij pro Venia Aetatis, allerunterthänigst zu erhalten, weiln aber Ihr. K. M. annoch bettlägerig gewesen, hat es vnmöglich sein können.

Den 28. octobr. Heut sind alle vngarische Magnaten bey denen Kayserlich vnd Königl. Deputirten in sessione geweßen, deliberando de restitutione status Hungarici, vff der Einen Seiten haben die Kayserl. oder Königl. Ministri vnd vff der andern der vngarische Palatinus vnd übrige Magnates. Die Arth des Spissens vnd in die Haken Werffens ist vnmenschlich, am Spiß lebt ein mensch bißweilen noch 4. 5. 6. Tag, an den Haken aber noch länger, wann nemblich das Herz nicht recht getroffen ist.

Den 29. octobr. nachmittag reiste ich wider von Oedenburg, pernoctirte zu Wampersdorff.

Den 30. octobr. Bin nachmittag vmb 3 Vhr zu Wien wider ankommen.

Den 5. novembr. Heute ward Leopolditag celebriret. gegen 10 Vhr reiste ich mit Einem Landkutscher außm Atschacker Hof auff Oedenburg zu, weiln alle Kayserl. vornehmste Ministri daselbst sich vffhielten. Zu Wampersdorff pernoctiret.

Den 6. novembr. nachmittags vmb 3 Vhr bin nach Oedenburg kommen, beym H. Schubart mich abermahls einlogirt vnd bey Ihm gespeist, gestern haben die Vngarn am Leopolditag Ihr. K. Mt. allerhand aggratulationes abgestattet. Der neu angerichtete Glockenthurm hat zum erstenmahl 1 vnd wider 1. vnd hernach 3 geschlagen, so H. Barth in Einer glückwünschungs Predig sehr schön ausgeleget. mit Trompeten, Heer-Pauken, Vocal- vnd Instrumental Musiken sich hören lassen: Vivat Leopoldus! H. Barth hat in der Predig den Text ex proverb: 28. v. 18. gehabt, vnd den Nahmen Leopold. außgelegt.

Oedenburg den 9. / 19. novembr. Die Vngarische Stände sind noch alle bey Einander vnd versiren widerumb im religionspuncten, worin es sehr hart hält, der Ertzbischoff hat diejenigen Cathol. Stände, so es mit den Evangelischen halten, excommuniciret, darüber ein Vffstand entstand. Der Collonitz, ob man Ihn schon hat zu verstehn geben, Er möchte freywillig abdanken, so hat Er sich doch darzu nicht beqwömt, sondern vernehmen lassen, wer ihn wolte absetzen, möchte es nur offentlich Thun. Heute sind die Vngarische Magnaten alle widerumb zusammen geweßen, waß sie künfftig proponiren werden, stehet zu erwarten. Mann redet zwar stark von der regierenden Kayserin Königlichen Crönung, aber darneben auch dißes, daß I. Mt. die Verwittibte Kayserin, die Vngarische Crone nicht von sich lassen, noch die reservirten Gelter vnd vngarischen Einkünfften entbehren wolte; allen praeparatorien nach scheinet, ob würden I. K. Mt. noch Eine Zimliche Zeit hier verharren, Indem schon viele hundert Wägen Holz angefahren sind. I. K. Mt. sollen an Ihro Nahmens Tag von I. F. D. dem Hertzogen Zu Neuburg mit einem Zier verguldenen silbernen gantzen Service, alles, waß vff eine Kays. Tafel gehöret, verehret worden sein. Die Oedenburger haben einen neuen Thurm gebaut vnd darin vf den Kays. Nahmens Tag Leopoldi die darin hangende große Vhr zum erstenmahle schlagen lassen. I und hernacher III, welches der Evangel. Prediger in seiner Predig so ausgedeutet und gewündscht hat, daß das Haupt vnd glieder möchten Eins vnd Treu gegen Einander sein etc. etc. Der Pfarrer Barthius hat außm Text proverb: 28 v. 18. wie mir referirt worden, Eine sehr Trefliche vnd I. K. Mt. nach beschehener relation angenehme Predig gethan, das Lieb Huld vf Leopold ausgelegt etc. Wie I. K. Mt. vber der Tafel gesesßen, sind alle stück vmb Oedenburg herumb gelöst worden. Alß I. K. Mt. auß der Kirche kommen, sind die Vngarische Magnaten vor dero K. Gemach vfm Platz gestanden, dero Pauken und Trompeten hören lassen in denen köstlichsten vngarischen Kleidungen, ruffende: Vivat Leopoldus Rex Hungarorum, Vivat Leopoldus Rex Hungarorum!

Den 12. novembr. Bin wegen des schlechten Wetters vmb 4 Vhr erst nachmittag Zu Wien wieder angelangt, vnd ganz ermüdet von der Reiß vnd 2 mahligem vmbwerffen geweßen.

Wien den 13. / 23. Novembr. Die Rede continuiret noch von der Königl. Crönung der jetzt regierenden Kayserin, es sind auch schon etliche meubles von Wien aus darzu abgeholet worden, nuhrent stehen noch im Wege (wie man mich berichtet) folgende motiven: 1.) daß I. Mt. die Verwittibte Kayserin der Vngarischen Crone sich noch nicht Begeben, vilweniger deren Einkünfften entbehren wollen, 2.) die jetzo abgeordente vngarische Stände von

Ihren Principalen hirzu noch nicht instruiret seyen, vilweniger bey Mitteln weren, sich mit pressenten, Wie sonsten gewöhnlich, einzustellen. 3.) Ehe vnd bevor die Vngarische Stände in Ruh vnnd Friede widerumb gesetzet worden, könte die Crönung mit Ihrer Bewilligung nicht geschehen. Ferner will mann sagen; ob wolten I. K. Mt. sich von Oedenburg aus nacher Prag begeben, umb daselbst deß Kays. Prinzens Königl. Crönung in Böhmen vornehmen zu lassen, vnd sich mit Einigen Churfürsten zu vnterreden; mann hat zwar spargirt, samb finge die contagion vmb Oedenburg in etlichen Dörffern widerumb an zu grassiren, es ist aber in rei veritate nicht befunden worden, dann die Leuthe, die in dem Dorff verstorben, sind, wegen der vilen einquartirten Soldathen vnd dißer Zeit zulauffenden Volks von dem starken vngarischen wein vnd deßen vnmäßigen Trinken, crepiret.

Den 15. novembr. ist festum S. Catharinae celebrirt worden, vnd hat der 14 tagige Mark vfm Hof alhir in Wien seinen Anfang genommen, wohin jedesmahl Kayser vnd Kayserin auch zu fahren vnd der Kayser der Kayserin etwas, so sie verlangt vnd im vorbeyfahren auß denen Silberladen aussiehet, zu kauffen pflegt.

Wien den 24. novembr. / 4. decembr. Der Kayserl. bißher berühmt geweste Goldmacher ist ohnlängst alhir verstorben, vnd lasse sich, nach deßen Tode, unterschidliche schlechte Reden von Ihm hören: Samb halte das bey Ihm gefundene Pulver keine Probe; Item das von Ihm gemachte, vnd in der Kays. Schatzkammer sich befindende stück gold, sehe zwar außerhalb dem gold gleich, Innerhalb aber, wann mans zerstücket, seye es lauter silber.

Ihre Kays. Mt. die verwittibte Kayserin haben gestern bey den oberen Jesuiten aufm Hof, mit großer solemnität vnd Pomp, das Festum Francissci Xaverij gefeyret, vnd hat die K. andacht, in Haltung des hohen Ambts, mit Trompeten vndt Heerpauken vnd Musiqve biß gegen 2. Vhr gewähret.

Der Kayß. Printz ist Gott Lob sehr frisch auf vnd deßen K. Alter nach, klug vnd verständig im Reden mit denen Cavalliers. Deß H. Hertzogs von Würtenberg Stutgart, H. Georg Friederichs F. Dhl. ist vor etlichen Tagen hier kommen, vnd jetz nach Oedenburg gereist.

Den 27. novembr. machte mich Zur Reiß nach Oedenburg fertig, ohnerachtet es sehr kothig, regen vnd schlimmes Wetter, auch der

Weg gantz voller Leuthe vnd wagen, daher sehr verderbt war, reiste nachmittag ab, vnd kam bey dunkler Nacht zu Wampersdorff an, vnterwegens begegneten viele Kays. bedinten, welche die neue Kayserl. Kleydung vnd geschmuck zur Crönung der Königin in Vngarn aus Wien abgehohlt hatten; Derentwegen auch die Cron von Preßburg schon mit großen Pomp abgeholet, vnd von Jedem vngarischen Haußgenoß. zur Crönung 6 fl. contribuiret worden.

Den 28. novembr. bin zwar 2 mahl in dem schlimmen Weg vmbgeworffen worden, aber Gott Lob jedesmahl ohne Schaden, kam nachmittag gegen 4 Vhr zu Oedenburg an, logirte widerumb bei H. Schubarten.

Den 29. novembr. Heute sind in der Franciscaner Kirchen alhir zu Oedenburg die präparatoria zur morgenden Crönung zugerichtet worden, oben waren Bänke vnd Sitze, wie man in Comoedien pflegt, aufgerichtet, in der mitten beym Altar 2 Baldachin, einer von Silber vnd der ander von Goldstück, die beyden Seiten mit den allerschönsten kostbahr gewürkten lebhafften Figuren ausspallieret, am 24. hujus ist die vngarische Cron aus Preßburg herein nach Oedenburg mit folgenden ceremonien gebracht worden: 1.) sind die Cronverwahrer, die Helfte Teutsch, die andere Helfte vngarisch vorangezogen. 2.) 3. Compagnien Kayserl. Kyrassierer. 3.) derer vngarischen Stätte Deputirte. 4.) Einige vngarische Stände. 5.) deß Palatini H. grf. Esterhaßy 6. Hand Pferde mit Schilden, Plitz-Pfeilen vnd schönsten Decken gezieret. 6.) deß Palatini 3 kleine Söhne mit Ihren Pussikanen geritten, darauff der Palatinus selbst, kostbahr einher geritten, vnd gleich darauf der Wagen (worauf die Königl. Cron, Scepter, Apffel, Degen etc. in einer Eisernen Kisten wohl verwahrter vnd versiegelter gelegen) gefolget, welcher mit Einer roth sammeten Decke mit guldenen spitzen vnd Dollen besetzet, bedecket geweßen, die Cron soll 600 Jahr alt, vnd durch einen Engel dem König Stephano vom Himmel vffgesetzet worden sein. Nach dem Wagen sind Kayserl. Reuther vnd Bedienten geritten. Die Eyserne Truhe ist ins Landhauß gebracht, vnd nicht zum Kayser geführet worden. Der Grf. Palffi vnd Caprara haben im Wagen, oben vnd vnten 2 vngarische Herrn, vnd in der mitten die Eyserne Truhe gestanden.

Den 29. novembr. Ist die Königl. Vngarische Crönung der Kayserin Eleonorae Magdalenae Theresiae vor sich gangen, vnd habe ich darbey observiret waß folget: In der Statt waren an 2 großen

Plätzen, alß beym Landhauß vnd grünen stübl mit brettern große und hohe Küchen aufgerichtet, vnd darin in jeder von 12 Kayßerl. Köchen vor die HH. Magnaten vnd Vngarische Stände gekochet. Zu denen Kayserl. Trabanten kamen noch 30, hatten alle die köstliche neue Kayserliche Liberey an, welche bey der spannischen Kayserin Einzug gemacht worden, von schwarzem Sammet, alles mit gelben schnüren dicht besetzet, kleine schmahle Hüte, wie die Schweizerhüte, an statt der Hutschnur eine schöne gelbe seidene Schnur zusammen gewickelt vnd alle stutzfedern auf. Die K. Edelknaben hatten die schönsten weißen Federn vff den Hüten mit schwartz vnd gelbem Sammet bekleydet. Vmb 10 Uhr Waren die Statt Thor gesperret, vnd niemand auß noch eingelassen. In der Kirchen, welche getruckt voll war, vnd dahinein ich noch ex speciali gratia gelassen wurde, ward bey denen Franciscanern die Crönung vollzogen; die Crönung wehrete von 11 Vhr biß 1 Vhr, so offt das venerabile gezeigt ward, thäte der Kayser die Reichs Crone, welche Er vfm Haupt hatte, ab, vnd ließ sie so lang vom Haupte, biß die Kayserin gespeist worden. Der Platz vor der Franciscanerkirchen ist so voller Laquayen, bedinten, wagen, Vngarn vnd Leuthe gewesen, daß mann sich kaum hat durchtrucken können, dergleichen auch anno 1622, 1623, 1635, da Ebenfalß vngarische Crönung zu Oedenburg Vorgangen, nicht geschehen, kürtzlich folget wie alles dahergangen.

Vngarisch Oedenburg den 30. novbr. / 10. Decembr. 1681. Alß ich am 28. nov. / 8. xbr. abermahlen anhero nacher Oedenburg gereist, bin ich eben am folgenden 9. Decembr. st. n. zu Ihr Mt. der Kayserin Königl. Krönung in Vngarn kommen, darbey folgendes remarquirend :

1.) Sind zu denen schon hir in ödenburg gewesten 60 Trabanten noch 30 kommen, daß die Summa in 90 bestanden hat.

2.) Sind die Kays. neue libereykleider von Wien anhero geholet, vnd die K. Hatschirer und Trabanten darmit am Konig. Krönungs Tag mundirt worden, erschienen alßo sämtlich in schön schwartzeun sammeten mit gelb seidenen garnituren besetzten Kleidungen, die Ermel daran waren vff geschnitten vnd Inwendig mit gelb vnd Weißem Taffet ausgemacht, die hüte waren klein in form der schweitzerhütl, mit schwartzem Sammet überzogen, mit gelb vnd schwartzen Federn gezieret, die Mäntel dicht mit gelben schnieren besetzet, die K. Edelknaben in den saubersten schwartzen Samet

mit gelb sammeten Camisolen vnd köstlichen federn vf den Hüten
angethan.

3.) Die Wacht in der Statt war verdoppelt, alßo mit 4 Compagnien, vnd die Cürassierer mit noch 2 Regimentern versehen. Dieße stunden, am 9. Decembr st. n. den gantzen Tag vnd zwar jene vfm großen Platz, vnd dise in der Vorstatt Zu Pferd in gehörig ordentlicher Bereitschaft; bey denen gassen waren ebenfalß wachten bestellet; vnd an etlichen orthen wasserspritzen gesetzet, wegen deren vfgerichteten großen küchen vnd vielerley croatischen, vngarischen vnd anderer frembder nationen besorgender nicht Verwahrung deß feurs.

4.) Der Weg zur Franciscaner Kirchen ist mit Thielen belegt worden, vnd der Platz mit so vilen kutschen, vngarischen Pferden vnd Croatischen, vngarischen vnd andern Dinern erfüllet geweßen daß mann sich mit gantzer gewalt hat durchtringen müßen.

5.) Gegen 10 Vhr Vormittag sind alle Thor zu Oedenburg zugeschlossen, vnd nimand weder hinaus noch herein gelassen worden.

6.) Vor der einen Thür zur Franciscaner Kirchen ist eine starke Wache bestelt, vnd dabey als Commissarij die jüngeren HH. Grafen Nostitz vnd Balfy geweßen, welche niemanden, alß Kayserl. vornehme Ministros, vngarische Magnates, Stände vnd Abgesandten eingelassen, die vbrige alle hingegen abgewießen.

7.) Alß ich nun auch in gemelte Franciscaner Kirche eingelassen worden, hab ich folgendes quantum possibile in obacht gezogen; das genaueste, ist wegen menge der Cavalliers, großen Anzahl derer vngarischen Ständen, Damen, zu observiren ohnmöglich gewesen.

8.) Die Kirche war Inwendig im Chor vf beiden seiten mit schön gewürkten kostbahrn alten Spallieren vnd oben mit zweyen Baldachinen ausgezieret.

9.) E regione war eine Bühne gemacht von vnterschidlichen sitzen biß gantz oben hinauf, fornher mit grün, weiß vnd rothem Duch behencket; Vff dißer Bühne haben die vngarischen Damen, Frauenzimmer, Cavalliers vnd vngarische Stände gesessen, diße sowohl alß jene mit Edelgestein, Perlen, guldenen Ketten, ringen, absonderlich Diamanten dergestalt gezieret, daß die gantze Bühne geschimmert. Die meinsteren Cavalliers haben mit guldenen Spitzen gantz besetzte Kleidungen, vnd fornen diamantene brustbilder angehabt. Die Krigsofficirer waren in roth sammet mit guldenen Scherpffen vnd weißen federn vfm Hut angethan.

10.) Zur Seiten hat der französische Abgesander gesessen, vnd bey Ihm Mr. Colbert, Mons. Louis, Mr. Crequy (welche alß reißende von Frankfurth eben dahero kommen) aus Frankreich sammbt Ihrem Comitat; welche fast kein Aug vom Kayser vnd Kayserin, verwendet, so genau die Königliche Crönung beobachtende.

11.) Von der Kayserl. Wohnung aus biß in gedch^e Franciscaner Kirchen war ein neuer Gang vnten her gemacht, vf beeden seiten mit brettern beschlagen, vnd oben, gleich Einem Dache gemacht, vnten her war der gang mit roth, grün vnd weissem Duch belegt (welche farben die Hungarn in Ihren Insignibus zu führen pflegen) Darauf I. KK. MM. In die Kirche gingen.

12.) Gegen 11 Vhr an obbesagtem 9. Decembr. st. n. waren die Heerpauken, Trompeten, Trummeln, Pfeiffen vnd Vngarische schalmeyn gehöret, darauf kamen die hinaus vorher gegangne Geistliche, Kays. Cavalliers, Cammerherrn, der fürst von Schwartzberg, Spannische vnd Venetianishe Pottschafter, mit Ihrem guldnen Fluß, sehr Prächtig gezieret; Hirauf I. M. der Kayser in einem langen vngarischen Königl. Habit Die Kayserl. so genannte Hauskron, vfm Kopff Tragend; Nachdem nun I. Mt. deß Kaysers begleitung voraus, folgte I. Mt. der Kayserin Comitiva; nemblich:

13.) Magister Curiae oder der Königl^r Vngarisch^r Land: Hofmeister mit dem Staab.

14.) Die beede Kronhüter.

15.) Die Magnates, so die Königl^n Kleinodien vortrugen, alß a.) ein kreutz vnd Crucifix. b.) den Reichsapfel, graf Nicolaus Draskovitz. c.) den Zepter, der Bannus aus Croatien, graf Erduldy. d.) das Schwerd. e.) die Königl^e Cron der Palatinus graf Esterhasy: diße waren alle vfs kostbahrste mit vngarischen Kleidungen, im Silber, gold vnd Edelgestein geziert.

16.) Hirauf folgten Ihr. mt. die Kayserin, vnd reichet deroselben die Hand der Fürst von Ditrichstein, alß Obrist Hofmeister, den Schweiff deß Rocks (welcher ein gantz silberstück war mit 2 langen flügeln, die gantz vnd gar mit Diamanten besetzet geweßen, daß mann sagen wollen, ob hetten I. K. mt. an Edelgestein vf 70 Pfd. Zu tragen) Truge die Obrist Hofmeisterin, Gräfin von Rappach;

17.) ging deß Palatini Gemahlin auf der rechten Hand, wie auch der freylen Hofmeisterin.
18.) gingen die Hofdamen.
19.) Beym Eintritt Zur Kirchen warteten Ihr. mt. der Kayserin 2 assistirende vngar. Bischöffe, vnd sprengeten dießelbige ein, vnd gingen zu Ihr. mt. Seiten biß zu Ihrem Thron.
20.) Vnterdessen hatten Ihr. mt. der Kayser den Sitz an der Evangely Seiten eingenommen vnter dem Einen Baldachin, Ihr. mt. die Kayserin begaben sich vnter Ihren Thron in der Mitte des Chors gegen dem hohen Altar über.
21.) hinter dißem Thron stunden 2 stühle ohne laihnen mit rothem Duch bedecket, deren Assistenten, hernach der Obrist Hofmeisterin, deß Herrn Palatini frauen, vnd der Hofdamen bänke.
22.) Zur linken Seiten Ihr. mt. der Kayserin Thron herabwarts stunden die vngarischen Magnaten, so die Königl. Kleinodien getragen, diße wurden durch die bischöffe von Ihnen genommen, vnd auf den Altar geleget.
23.) Vor Ihr. mt. der Kayserin Thron zur rechten Hand stunde ein mit silberstück belegtes Tischel, darauf die Hauscron gestelt war, welche mann privatim vor anfangender Function in die Kirche getragen, vnd mit einem Taffet verdecket.
24.) So bald ein Jeder seinen gebührenden Platz vnterm Trompeten vnd Paukenschall eingenommen, vnd es wider still worden, hube sich das Amt der Messe an, vnd ward biß zu der Epistel fortgefahren, nach deren Vollendung gingen Ihr. mt. der Kayser mit der Kron aufm Haupt, vor den Altar, vnd präsentirten Ihr. mt. die Kayserin dem consecrirten Ertzbischoffen zur Krönung.
25.) alß I. mt. der Kayser in dero Thron wider zurückgangen, verfügten sich Ihr. mt. die Kayserin vor das Altar, vnd gingen zur Seiten die 2 assistirende Bischöffe, die Obrist-Hofmeisterin Trug den Schweiff deß Rocks.
26.) Ihr. mt. die Kayserin knieten vorm Altar vfm ersten staffel vnd küsseten dem Ertzbischoff das Creutz an der Stola.
27.) Der Ertzbischoff kniete Ihr. mt. der Kayserin zur Rechten, vnd legten sich Ihr. mt. schier vf das Angesicht nider, oder hilten sich zur Erden gebogen, über 2 silbergestickte küssen vnd Einem dergleichen Teppiche, Indem die große Litaney von der Geistlichkeit gebettet ward.

28.) Nach geendigter litaney richteten sich I. mt. wider auff, vnd nach gesprochener praefation salbete dieselbe der Ertzbischoff zu Preßburg am rechten Arm vber den Elenbogen vnd zwischen beyden schultern mit Einem hirüber sprechenden Gebeth.

29.) auff verrichtete Salbung begaben sich I. mt. mit Ihren assistirenden bischöffen, der Obrist Hofmeisterin, so den schweif Truge, vnd deß Palatini gemahlin, die zwischen 2 Hofdamen ginge, in die nechste Sacristey.

30.) Da I. mt. wider herausgangen, knieten sie abermahl vorm Altar nider, sodann nahm der vngarische Palatinus die vngarische Cron von dem Altar, vnd reichete sie dem Ertzbischoffen, der sie I. mt. der Kayserin, eine kleine weil vf die rechte Achßel stellete, Bald wider hinweg nahm, vnd auff den Altar stellete.

31.) nach dißem Tratt der bischoff von Vesprin (alß Einer vngarischen Königin Cantzlar) hinzu mit der Hauß Crone vnd setzete solche Ihr. mt. auff.

32.) ferner gab der Ertzbischoff Ihr. mt. der Kayserin den Zepter in die rechte vnd den Reichsapffel in die linke Hand mit gewissem dazu sprechendem Gebeth.

33.) Nach disem wurden Ihr. mt. von dero assistenten zu Ihrem Thron begleitet, wobey der Ertzbischoff abermahl ein gebeth verrichtete.

34.) Hirauf ward das Te Deum laudamus gesungen, ein Hatschierer gab der vor der Kirchenthür gestandenen wacht ein Zeichen, darauf die 3 compagnien vor der Kirche salve gaben, vnd ware das geschütz vmb die statt herumb zum erstenmahl gelößet.

35.) In wehrendem singen nahm der vngarische Landhofmr. von Ihrer Mt. den Zepter vnd Reichsapffel, vnd gab sie denjenigen, die solche anfangs getragen hatten.

36.) alß Ihr. mt. die Kayserin communicirt, ward die Tragende Hauskrone, durch den bischoff von Vesprin Ihr. mt. vom Haubt abgenommen vnd dem fürsten von Ditrichstein zu halten gegeben, der nachgehents solche Kron dem bischoffe widerumb dargereichet, vmb solche Ihr. mt. wider vfzusetzen.

37.) vnter der elevation deß Hochwürdigen wurden die Königl. Kleinodien umbgekehret.

38.) Ihr. mt. waren zur Communion von mehrbesagtem bischoff zum Altar geführt, vnd vom Ertzbischoff gespeiset, vnd Ihro die Krone wider aufgesetzet.

39.) nach geendigter Meß waren die stücke, mußketen vnd doppelhaken widerumb gelöst vnd ginge mann in voriger Ordnung widerumb zurück, nuhrent daß Ihr. mt. die Kayserin ohne Cron in die Kirche, mit der Haus Cron aber auff dero Königl. Haubt auß der Kirchen gangen.

40.) Sobald I. I. mtt. aus der Kirchen geweßen, haben sich die Leuthe umb das ausgebreitete Tuch zerrissen, zerschlagen vnd zerschnitten.

41.) Kein Geld ist ausgeworffen, kein Wein gesprungen oder geronnen, keine Ochßen gebraten. Wiewohl an 2 großen Plätzen 2 große Küchen von Brettern vfgeschlagen worden, darin vor die Magnates vnd vngarsch. Stände beym Landhaus vnd grünen Stübl gekocht worden.

42.) gegen 5 Vhr hab I. K. mt. mt. ich speißen sehen. Oben an der Kays. Tafel haben Ihr. mt. der Kayser ohnbedeckter vnd die Kayserin in Einem spannischen habit, vnter einem baldachin gesessen, zur rechten Seiten Ihr. Dhl. die Ertzhertzogl. Prinzessin vnd vf derßelben Seiten hinunter der spannische vnd venetianische Pottschafter. Zur linken seiten, fast am Ende der Kays. langen Tafel der Ertzbischoff zu Preßburg, vel Episcopus Strigoniensis β.) der Palatinus Grf. Esterhasy γ) der Ertzbischoff von Raab.

43.) bey der Kayserl. Tafel haben die vngarischen Stände, Magnates, alß marschall, Truchßes etc. die Speißen vfgetragen, den Trunk gegeben, vorgeschnitten vnd in sehr kostbahren vngarischen Kleidungen vfgewartet.

44.) So bald I. mt. der Kayser den ersten Trunk gethan, sind die Gestücke vnd Doppelhaken à 150 vmb die Statt herumb, nebst denen Musqveten zum drittenmahl gelöst worden.

45.) Die Cron ist vffm roth Samet Küßen bey Ihro mt. der Königin gestanden vnd wie die K. Mahlzeit zu Ende gewesen, hat Sie der Palatinus vor der Königin hergetragen. Den 3ten Tag nach der Crönung ist die Cron zu Oedenburg wider eingepackt, verschloßen vnd den 3. / 13. xbr. von Ödenburg widerumb nach Preßburg, mit vorher beschehenen Solemnitäten geführet. Zu Preßburg werden die Königl. Kleinodien im Königl. Schloß in Einem absonderlichen Thurm verwahret; und wachen dabey Teutsche und Vngarische Soldaten.

Typus Coronae Hungariae
in facie cor.
1.) Sol. taliter Saluti publicae invigilandum.
2.) Adamas Siderites. ubi fortitudo ibi tutela.
3.) Smaragdus. Casta decent Reges.
4.) Amethystus. ubi sobrietas, ibi sapientia.
5.) Sapphyrus. ubi pietas ibi et reliqua.
6.) Aquila. ubi honos, ibi onus.
7.) Grus vigilans. Sic tuis invigiles.
8.) Faces coronatae. ubi clara incendia, ibi lumen.
9.) Candelae ard. ubi lumen, ibi transeunt tenebrae.
10.) Insignia Hungariae. In hoc signo vinces.
11.) Caput mortui. Hic finis omnium.
12.) Libra. Discite justitiam moniti.
13.) Stella fulgida. Virtute sic emineas.
14.) Grues volan: Ex inordinato gignitur confusio.
15.) Codex juris. Legibus solutus Rex vincat.
16.) Laurus. Juste certanti Laurea.
17.) Caput Leonis. Si non clementia, potentia.
18.) Turchesia Thro. Quae docent, non nocent.
19.) Achates. varius propter varios.
20.) Turchesia F. Duba (?) fides servanda.
21.) Magnes. Herculea virtus omnia regit.
22.) Aeptydra alata. Temporis honesta avaritia.
23.) Manus 2. unitae. concordia Bello praeferenda.
24.) Janus bifrons. Undique prospiciat.
25.) Manus lotae Coelitus. Castis subveniunt casta.
26.) Sceptra 2. gladio sceptra sunt praeferenda.
27.) Anchorae. Deus anchorae jactum secundet.
28.) Formica. Sit calcar industriae.
29.) Frenum. Frenum quale, regnum tale.
30.) Thuribulum. pietas summum necessarium.
31.) Pelicanus. Pro vita moritur.
32.) Templum laure. Ubi victoria, ibi gloria.

Nachdem ich den Kayser vnd Königin Speisen sehen, so bin ich auch ins Landhauß Gangen vnd hab die Magnates, Ständte und Abgesandte des gantzen Königreichs Ungarn sehen speisen, vnd zwar erstl. derer Stände Abgesandte waren in Einem Zimmer an 4 runden Tischen, darin war Zugleich der Personalis tertius a Palatino, Item die Protonotarij welche an des Personalis Taffel saßen, in dießem Zimmer waren 4 Tisch vnd an jedem Tisch saßen 14 Vornehme vngarische Herren, diese speiseten in Zinn vnd hatten ufm Tisch eine figur stehen, als wie ein Thurm oder pyramide von Zucker gemacht, darin vnten war Saltz, Ingwer, Pfeffer, es war vnten gemacht, als wie sonsten die kleinen Salzfässer sind, der Personalis stunde einmahl auf, vnd redete vngarisch, da war Alles von dem großen Geruffen still vnd trunken insgesammt die Gesuntheit der Königin, mit einem großen Geruff, die Heerpauken vnd Trompeten ließen sich sehr fleißig höhren mit einem großen Getöß, in dem Zimmer gegenüber waren die Bischöffe und magnates, welche aus Silber gespeiset worden. Der Bischoff verdensis oder Collonitz hatte einen Teutschen Bart und langen Mantel mit einem weißen Creutz, wie ein Maltheser Ritter. Item saß oben an der runten Taffel der Vngarische Cantzlar, welcher ein von Schwartz Gewürffelttem Sammet gemachtes Kleid an hatte, der drunke einmahl die Gesundheit, vivat Rex, Regina et Regnum, alda hat ihm ein Vornehmer Vngar, die Gesundheit der Königin auch zugebracht im Tokayer Wein, Sie redeten über der Taffel mehrer theils in lateinischer Sprach. Gegen Abend hat der Kayser wider öffentl. gespeiset. Zwey überaus große schöne leichter sind der Kayserin Zum H. Nicolai verehrt worden. Die Vngarische Ständte wollen die von den Geistlichen erpreste reversales, alß daß Sie nicht predigen wolten etc., nicht wider ins Landt kommen etc., widerumb heraus haben.

Den 30. November haben sich die Vngarn noch lustig gemacht mit ihren Pfeiffen, Schalmeyen, Trompeten vnd Heerpauken. Herr Adami hat mir erzehlet, daß die Kays. Gevollmächtigte, alß der Fürst von Schwartzenberg, Hof Cantzlar Hocher, Graff Nostiz und Caplier zu denen Vngarischen Magnaten, ins grüne stübl kommen vnd hätte der Hof Cantzlar Hocher zu Ihnen (wozu auch die andren Ständte kommen) eine sehr stattliche Lateinische Sermon gethan vnd brevissimis darin begriffen, daß Ihro mt. den punctum religionis sich voraus behalten wolte, hingegen in denen übrigen gravaminibus, Ihnen vergnügliche Satisfaction geben, worauff der Palatinus die Antwort gethan und sich im nahmen aller, allerunterthgst. bedankt, mit ver-

melden, weil Ihro Kays. mt. sich allergnädigst erkläret, so offerirten
sie hiemit auch zur Danckbarkeit Ihro mt. der Kayserin die Kron,
vnnd wolten Sie zur Königin krönen, worauf ein Gemurmel worden
unter den andern Ständten, bey welchem murmeln Er Palatinus ge-
fraget: ob einer unter ihnen (nemblich denen Ständten) wäre, welcher contradicirte. Illi Resp. nos petimus respirium. Palatinus dixit:
Was? Wer will contradiciren; Illi status Resp. nos petimus respirium,
quia hic modus offerendi est plane extraordinarius. Hierüber seind
die Kays. Commissarien fortgangen. Mann hat sich hernacher bei
Hoff expresse vernehmen lassen, und ist mir der Schluß vom Kays.
Summelirer erzehlet, daß es Beschloßen worden: derjenige welcher
würde contradiciren, solte dem Fenster hinausgeworffen werden.

Das Schloß, so an der Truhen ist, worin die Königl. Kleinodien
verwahret werden, ist sehr groß, und sind an jeder seiten inwendig
4 riegel, also 16 riegl zusammen, der König hat einen Schlüssel
und die Magnaten oder Cronwarter einen Schlüssel darzu. Das
Schwerdt ist sehr alt, in form eines Hirschfängers. Am verwichnen
Sonnabend ist die Cron durch den Palatinum dem Volkh gezeiget
worden, darbey er Zwar hätte sollen eine oration thun zum Volkh
vom Landthaus herunter, er habe aber nur gelächelt, vnd gesagt,
Sie solten schreien: vivat! vivat! darauff hat das Volk mit vollem
ruffen geschrien vivat! Das Schwerdt ist auch gezeiget; Item der
Reichsapfel und Zepter, vf eben den Tag ist den Leuten auch das
Königl. Kleid der Königin gezeigt worden mit denen langen Flügeln, ein silberstück und gantz mit Diamanten besetzet. Man sagt,
ob habe die Kayserin à 70 ℔ zu tragen an Kleidung vnd Edelgestein.

Den 3ten Tag pflegt gemeiniglich nach der Crönung die Cron
wider weggeführt zu werden, das kostbahre vnd mit Perlen dicht besetzte Königl. Kleid der Kayserin ist heut auch wider eingepackt
vnd verpitschirt worden, vorhero hat mans sehen lassen. Auf der
Königl. Vngarischen Crone sind die 12 Aposteln in Schmeltzwerk
künstlich vnd griechische Schrifften dabey gemacht, die meiste halten
dafür, Eß seye solche vom griechischen Kayser Constantino Einem
Vngarischen König zugeschickt worden.

Den 2ten Decembr. sind die 2 Küchen vnd der Kayserl. Gange
zur Franciscaner Kirchen wider abgebrochen vnd zur Abreise praeparatoria gemacht worden, heute soll ein Gesandter aus denen oberen
Gespannschafften ankommen vnd instruirt sein, der beschehenen extra-

ordinari Crönung zu contradiciren. In 20 Jahren haben die Vngarn keinen Palatinum gehabt, vnd jetzt den grf. Esterhaßy, welcher der reicheste ist, darzu bekommen. I. K. M. haben denen Vngar. Magnaten Ihr votum verschlossen zugeschickt vnd 4. einen reformirten, Lutherischen vnd 2 Catholischen Vorgeschlagen gehabt. I. K. Mt. haben nun resolvirt, daß in Hungarn gymnasia, Schulen vnd Predigten denen Evangelischen wider sollen gestattet, auch erlaubet werden, Ihre Todten mit geläut vnd gesängen Ehrlich zur Erden bestatten zu lassen, welches bißher durch den Collnitsch via facti stark inhibirt worden. Nach der Betstunde bin ich ins Vngarische Landhauß gangen vmb die Königl. Cron vnd Kleinodien Zu sehen, es war aber die Thür doppel, von Teutschen vnd Vngarn verwacht, vnd muste mann durch 3 Thüren biß zum rechten Saal gehen, welche alle wohl bewacht waren, Endlich hab ich den Fürsten Esterhasy, vngarischen Palatinum lateinish angeredet, daß ich außm Reich were, vnd die Vngarische Cron zusehen verlangte, der mich dann bey der Hand nahme, vnd durch die Wacht in Saal führete, dann sonst niemand, alß lauter vngarische Magnates vnd der Stände Deputirte eingelassen wurden, ließ mir alles Zeygen. In diesem grosen Zimmer waren die 2 Kays. Commissarii alß H. Graff Capliers vnd H. Grafen Palffy. In deren gegenwarth war vom vngarischen Palatino H. Fürsten Esterhasy präsentib. Dnn. Magnatib. Hungaricis et Statib. nempe Comitt. Sardedy, Tschaky, Draschkowitz, Tzicky, Monorasky alß Secretarii von den Ständen, vnd Castellano Posoniensi die Eyserne Kiste, darüber ein schwartze sammete Decke lag, nach aufgemachten 2 Hangschlössern oben aufgeschlossen, vnd die Cron, Scepter, Schwerd, Reichs Apffel gezeigt, ich sahe 9 stücke, vnd waren mir in die Hände gelassen zu beschauen, alß 1.) die vortreffliche kostbahre Cron, welche die Catholischen küsseten, vnd Ihre Roßenkräntze daran rieben, 2.) der Zepter, 3.) Reichs Apffel, 4.) Schwerd, 5.) Mantel, 6.) die Schuh, 7.) die Strümpff, 8.) der Hut, 9.) vnd die roth sammete küssen vnd Taffet. In der Cron ist Inwendig rother Taffet gefüttert, das Zepter, weiß Perle Mutter mit Einer guldenen Ketten vmbwickelt, oben villegrain Arbeit, vnd henken an guldenen kettlein, die schönsten kostbahrsten Perlen. Vfm Reichs Apffel ist oben ein Diamant Creutz gantz rund. Das Schwerd ist wie ein Hirschfänger formirt, sehr alt, hat ein schönes mit Edelgestein besetztes Creutz in Einer mit rothem sammet überzogenen scheiden. Der Reichsapfel ist in einem rothdaffeten Beutel, die Cron liegt in einem erhabenen futteral, daß auswendig wie an den Büchern schwartz verguldt Bergament ist, und inwendig ist Alles mit denen Köstlichsten rothen Daffet gefüttert vnd auswendig mit vngarischen vnd halb Türksch. Figuren in Gold gestücket. Der Hut ist eine Alte Art auff Vngarisch. Die Schuh sind vngarisch gestickt mit Silbernen Gallaunen wie auch die Strümpf. Die Cron ist nur zu küßen gegeben worden, das übrige nicht. Als nun dieses alles vorbey, so haben I. F. G. von Esterhasy die Sachen alle wieder in die Kiste, welche obenher voller Schlößer gewesen, außerhalb mit Eisen beschlagen, daran große Hangschloß gehengket, als dieses geschehen, haben Sie die Specification obged. Sachen bey sich gehabt vnd daß solche alle hineingethan worden, haben α) die Beeden K. Commissarij unterschriben β) die Obgd. Graffen vnd Ständte. Nachgehents ist ein exemplar davon in die Kiste gelegt worden und alsobalden verschloßen, hingegen davon ein Exemplar auch den Kays. Commissarien und denen Ständen gegeben worden. Darauff ist die Kiste zugeschloßen worden, die 2 Hang Schlößer darvor gehenket, vnd ein Daffet oben her über das obere Kisten Schlüßel Loch gepitschiret, daran rundt herumb α) die Kays. Commissarien ihre Pittschaften getruckt, β) die Ständten vnd Magnates darneben Ihre Pittschaften getruckt, solches Alles hat mehreren theils der Castellanus Posoniensis oder Preßburger CronWarter und der Stände Secretarius gethan, die H. Cronverwahrer seind aber Allezeit dabey gestanden, nach beschehener Verpitschirung sind die 2 Kays. Commissarien fortgegangen vnd Esterhasy hat die Kiste dem Cronverwalter anvertrauet, darauf ist gleich eine rothe sammete Decke mit guldenen Frantzen darüber gelegt worden, die Truhe stand vfm Tisch, darumb eine gallerie gemacht war, als wie bey den Cantzleyen ist, wo die Räthe sitzen, dieser actus hat gewehrt von 5 Vhr biß 7. Alß nun alles verrichtet, schloßen die Cron Wärter die Stuben zu, vnd muste eine Wacht dabey stehen, ich ging nach dem Esterhasy hinuntter, da gingen die Trummeln und Pfeiffen, zur rechten Hand stundten die Teutschen vnd uf der Linken die vngarischen Soldaten mit ihren Teschincken, die Teutschen aber passeten auf vnd die Vngar. hatten in ihren 2 gespitzten fahnen Löwen, die vorher getragen worden.

Den 3. Decmbr. Den Vngarischen oder Neusidler See vnd das Schwefelbad zu St. wolffs mit H. schubarten gesehen, ferner gefahren biß vff Neusiedel selbst, Arcka vnd die Türkische Gräntze, da wir die Türken vff der Heyden gegen Vnß marchiren gesehen, deßwegen zurück eylen müssen. Die Statt oedenburg hat 8, Preßburg aber nur 4 Dörffer vnter Ihrer jurisdiction. bin heute von oedenburg auß auff Wien zugereist, Abends zu Wamperßdorff pernoctiret. In denen oedenburgischen Vorstätten findet man in Jeder einen absonderlichen Richter. Die Dörffer müßen robotten.

Den 4. Decembr. bin ich nachmittag zu Wien widerumb ankommen. Wien 4. / 14. Decembr. Im übrigen so ist, kurtz vor meiner Abreiß aus Vngar. Oedenburg den 2. / 12. Xbr. gegen 5 Vhr Abends die Königl. Vngar. Cron vnd vbrige Kleinodien im Landhaus widerumb eingeschlossen worden, alß ich vor dem Zimmer gestanden vnd solches zu sehen verlangte: hat der Palatinus Esterhasy mich mit der Hand selbst ins Gemach hinein geführt. In gedachtem Zimmer waren die Cronwärter vnd Magnates cum Palatino et Commissarijs Caesareis. Die Eißerne vnd außerhalb roth angefärbte Kisten stund auf Einem Tisch, hatte 2 große hangeschlösßer vnd oben vfm Deckel noch ein schloß, dißc waren vom Palatino vfgemacht, durch Ihn die Königl. Cron (welche in Einem mit rothem Taffet gefütterten vnd vbergulden futteral lag), das Schwerd (welches in Einer mit roth sammet vberzogenen scheide war), der Reichs Apffel, so in einem roth sammeten beutel lag, das Zepter vndt Königl. Mantel, denen anwesenden gezeigt, vnd die Crone zu küssen dargereicht, hernach von stück zu stück specificiret vnd verwahrlich vf roth sammeten küßen wider in die Lade geleget, die specification vnterschrieben, die Kays. Commissarij HH. Graf Balfy vnd Caplier, sodann der Palatinus, vngarische Magnates vnd Cronwärter, darauf war die Specification ebenfalß in die Truhe gelegt, verschlossen vnd vber das obere schloß ein stück roth Daffet gelegt, welches die Kayserl. Commissarien vnd Magnaten vber gdehts. Schloß Zusigellen, vnd nach der ordnung verpitschirten. Hirauf ein groß roth sammet Tuch, vber den gantzen Kasten, mit guldnen frantzen, henkelen, denen Cronwärtern anvertrauten, vnd damit von Einander gingen, vor dem Zimmer wacheten halb Teutsche vnd halb Vngarische Soldaten. Gestern früh ist die Cron widerumb von Oedenburg nach Preßburg, mit beynahe Eben denen Einhohlungs: Solemnitäten geführet worden, vnd macht mann schon allerhand Anstalt zum Kays. Abzug. Die Landkutscher sind schon mehrentheils ankommen, die Kayserl. bagage vnd bedinten abzuführen, denen Evangelischen in Vngarn haben I. K. Mt., vf Intercession der neuen Königin, allergnädigst bey denen Kirchen auch Schulen vnd gymnasia, item daß die Leichen mit gesängen vnd sonst gewöhnlichen ceremonien sollten von nun an widerumb zur Erden bestattet, die vbrigen strittigen puncta an dem in etlich Monathen neu ausschreibenden Landtag reassumirt vnd erörtert werden, das armistitium mit denen malcontenten will für gewiß gehalten werden. Die Rede gehet, ob wolle sich der Graf von Windishgrätz an eine Catholische Gräfin am verwittibten Kays. Hof widerumb verheirathen.

Wien den 8. / 18. Decembr. Der Wind ist etliche Tag her so stark alhir gewesßen, daß Er Einige Schornstein, Scheur vnd Fenster vmb vnd eingewehet, so gar, daß ein herunter fallender Schornstein, ohnfern dem rothen Thurm, Eines robbenden Baurs 2 Ochßen dergestalt beschädiget, daß der Eine alßobald verrecket, der andere noch geschlachtet worden ist. Aufm Hof hat Er eine fahrende schöne kutsche par force vmbgewehet, davon die gläßer vnd viel am Wagen verdorben.

Wien den 11. / 21. Decembr. Ihr. K. mt. sind noch zu Oedenburg vnd vnerachtet mann viele mobilien schon anhero geführet, so glaubt mann doch nicht, daß I. K. Mt. vorm neuen Jahr sich anhero begeben werden.

Der neuliche starke Wind hat vor etlichen Tagen der Frl. Gräfin von Puchheimb, welche vorm Kayserl. Burgthor gefahren, Ihren Wagen oder kutsche vmbgewehet, doch so, daß im Vmbfallen die Frl. Gräfin keinen Schaden bekommen, es haben nachgehends die laqvayen vf beyden Seiten sich an den Wagen lehnen müssen, biß Sie in die Statt kommen, vnd der Wind die kutsche nicht so stark mehr hat fassen können. In denen Kirchen sind die Geistlichen schon sehr bemühet das H. Krippel vfzurichten. Ihr. mt. die Verwittibte Kayserin haben gestern bey denen Michaëlern Ihre devotion gehalten, der lustige Augustiner Pater Abraham hat gepredigt, vnd ist die litaney sehr schön musicirt worden.

Den 14. Decembr. heint ist mann in die Mette gangen, vnd eine lessel nacht gewesßen, das Fest war mit schießen angefangen.

Den 15., 16., 17. Decembr. sind die 3 Heil. Christage feyerlich celebrirt vnd die heilige Krippen hier in den Kirchen gezeigt worden, habe meine Andacht bey dem H. Residenten Schrimpffen zubracht.

Den 19. Decembr. Der Kayserl. Leib Medicus Hr. Dr. Scharßy ist gestern mit zimlichem Pomp begraben worden.

Den 20. December wird auß der Verwittibten Kayserin Burg, durch einen wohlbekleideten Kerl, welcher 2 Träger bey sich gehabt, eine Kiste weggetragen, vnd steht noch widerzubekommen, mann hat zwar den gantzen Tag Nachsuchung Thun lassen, aber vnmöglich erforschen können.

Den 21. Decembr. sind Ihr. Kays. mt. vnd Kayserin vnd gantze Hofstatt von Oedenburg alhir arriviret abends zwischen 5 vnd 6 Vhr. Dißen Abend spath kam von der Ottomannischen Porthen ein Currirer, welcher, wie von allen besorget ward, einen Türken Krieg mitbringen Thäte. Diser Abend ist widerumb vor ein leßel Abend gehalten, vnd daran wegen deß morgenden neuen Jahrestages Tapfer geschossen worden.

Den 22. Decembr. Ist alhir in Wien der Catholische neue Jahrstag deß 1682ten Jahrs feyerlich celebriret worden. früh morgens hat mann die Trommeln gerühret, die Wächter geschrien, vnd alles lebhafft geweßen. Bey den Schotten wündschte P. Donat zum neuen Jahr 1.) denen Geistlichen den jähen Tod, resp. daß sie der Welt recht abstürben, 2.) denen Räthen das Zipperle an den Händen, daß sie kein Geschenk annehmen vnd das Recht verkaufen könnten, 3.) denen Ehmännern, daß sie daub, denen Eheweibern, daß sie blind weren, ne illi omnia credant seu audiant, et hae non omnia videant, 4.) den Withen vnd Jungfrauen wündschte Er daß Podagra, daß sie fein still zu Hauß bey Ihrer Arbeit sitzen bleiben vnd nicht in allen Gassen herumblaufen möchten. Dergleichen Händel waren in der gantzen Predigt getrieben mit Erzehlung lustiger Historien, vnd kein Einiger Text ex sacris allegiret.

Den 23. Decembr. hab der Kayserl. Schweinhatz bey Dornbach zugesehen, I. Mt. erlegten 4 Hauptschwein, in Summa waren 40 stück gefellet, dabey waren bey 60 Jäger vnd 50 große Engellische Hunde.

Den 26. December. Diser Abend ist wider ein lessel Abend geweßen, vnd sind die Geistlichen herumb gangen, ein Jeder zu seinem Pfar Theil vnd hat an alle Thüren deß Haußes geschrieben C. M. B. vnd † gemacht vnd geräuchert, vnd wider fortgangen, dafür hat jeder müssen 1 rthl. geben vnd noch ein trunk dabey.

Den 30. Decembr. heut hat der Kayser vnd die Kayserin der Schweinhatz zu Speissing beygewohnet, hat 4 große hauende Schwein in Stieffel gehend erleget.

Den 31. Decembr. Dem allerhöchsten Gott lob, Preiß vnd Dank gesaget, vor die gnädige vnd vätterliche Erhaltung vff denen Reißen vnd in der Frembde, auch vor die gnädigste Leistung seines H. Geistes, daß Gott Lob in denen anbefohlenen affairen durch seine Hülfe, durch meine wenigen Kräffte zimlich avanciret. Der allmächtige Vatter verleyhe in dem nun antrettenden neuen 1682ten Jahr auch seine Gnade vnd den H. Geist, daß all meine Arbeit zu seinen H. Ehren, meiner gnädigsten Herrschafft Vergnügung, vnd meiner eigenen Seeligkeit ausschlagen möge. Amen.

1682.

Den 1. Januarij. Heute ist dem Nuncio Apostolico bey denen PP. Augustinern der Cardinal Hut Vfgesetzt worden.

Den 4. Januarij. Bey Hoff Vmb neu Jahrsgeschenke von denen Kayserl. Bedinten angesprochen worden, alß ich eben in die Comoedie gangen, deren I. K. Mt. Vnd alle Pottschaffter beygewohnet; Bey Hof sahe auch den Einzug deß Hr. Caprara, welcher alß Kayserl. Pottschaffter an die Ottomannische Pforten geschiket werden soll, welcher sehr Pompoß war, Er nahm von Ihr. KK. MM. vnd der K. Hofstatt in seinem Pomp Abschied. Der H. Graf Caprara ist geritten Vff einem Vngarischen braunen Pferd mit Einem guldenen Zaum, der Sattel war oben mit Gold gestückt, vnd mit rothem Sammet Vberzogen. Die schabarack von rothem Sammet mit Gold dicht gestücket, vnd in den Ecken mit Edelgestein besetzet. Die Steigbügel waren silbern vnd mit Türckisen besetzet vnd überguldt, Er selbst hatte einen langen Purpurfarben Türkischen Rock an, vnd drunter ein überaus köstliches Camisol von silberstuck. Vor Ihme her ritten beynahe 40 Officirer mit den schönsten Pferden, Sätteln Vnd Schabaraken, alle in langen rothen Türkischen habiten, Immer ein Kleid kostbahrer alß das andere; neben Ihm gingen 20 Laquayen, alle in rothen langen Türkischen Kleidungen, ritten vbern Burg Platz Zum Kayser, regirenden Kayserin, Kayserl. Printzen, Printzessinnen, vnd Verwittibten Kayserin; am Burgthor war eine starke Wacht vnd 2 K. Commissarij die nimand, alß nur von condition einließen, Ich habe oben in der K. Burg vff der Gallerie vor deß Kaysers antichambre den Einritt völlig gesehen, auch bey der audientz gewesen, welche der Ambasciator Graf Caprara Zum Abschied genommen.

Nachdem nun der pompose Einritt geschehen, wurde alßobald darauf die Comoedi gehalten, präsentirte eine schlacht von Turckisch: Asiatisch: Vnd frembden Kaysern, das Theatrum war 5. mahl verändert, alles sehr wohl perspectivisch gemacht.

Den 10. Januarij: ist Festum Fabiani Sebastiani bey den Schotten celebrirt worden, deme Ihre K. Mt. auch beygewohnet.

Den 23. Januarij. Heute ist Mariä Lichtmeß gehalten, Vnd dießes Fest von Ihrer Kays. Mt. bey den oberen Jesuiten Vfm Hofe feyerlich celeberirt worden.

Den 24. Januarij. Festum St. Blasij ist heute bey denen Michaëlern gehalten worden, dabey I. K. Mt. geweßen, den gantzen Tag ist das Heiligthumb von St. Blasio in der Kirchen gezeigt, vnd den guten Catholischen Christen zu küssen gegeben worden, welches sie Superstitiose vor Halßweh gut Zu sein glauben.

Die Geistlichen sagten alle mahl darbey, wann sie das Heiligthumb einem an halß hielten: Deus et St. Blasius liberet te a malo si credis, Amen! Heute ist der H. Graf Caprara, alß Kayserlicher Pottschaffter in der Turckey, von hier mit 22 Schiffen gegen 12 Vhr abgereißet, Vnd haben die Leuthe wegen der großen Menge Vff den Baümen denen reisenden nachgesehen. Viele Graffen Vnd HH. sind vorn rothen Thurn, da Sie aufgesessen, gefahren Vnd haben Abschied genommen, die Trompeter haben continuirlich geblasen, deß H. Graf. Caprara Schiff war sehr schön, roth angestrichen, Vnd Vmb Vnd Vmb mit Kayserlichen fahnen schwartz vnd gelb bestecket.

Den 2. / 12. Februarij. Alß neulich der rare Tantz Vnd kostbahre Merenda von Printz Louis von Baden in seinem palatio gehalten, Vnd biß morgens 3 Vhr continuiret worden, ist mitlerweil, wegen deß langen Wartens, Vnter denen Laquayen (deren Viel Hundert auff Ihre Herren gewartet:) Vnd Soldathen ein solcher Streit entstanden, daß ohnerachtet Viele Cavalliers herunter, zu stillen, kommen, selbiger nicht eher Vfgehöret, biß Printz Louis mit Einigen Handkranaten (Vnter die tumultuirenden werffend) frieden gemacht, wodurch Pferde Vnd Menschen beschädiget, Vnd etliche schon gestorben sind.

Wiewohl alhier offentlich ausgeblaßen Vnd bey 10 Rchthlr. Straf verbotten ist, in dießer fasten Zeit kein Fleisch Zu essen, Viel weniger im fasching mit Verkleidungen herumb Zu lauffen; So sind doch Ihrer Einige Zusammen kommen, Vnd am verwichenen Dinstag Drey davon in crapula et ebrietate in der Vorstatt bey St. Marx erstochen worden. Ihre Mt. haben vorgestern bey denen Jesuitern Vfm Hof der Devotion deß 40. stündigen Gebeths, Vnd darauf einer comoedi daselbst beygewohnet.

Den 31. Januarij ist offentlich außgeblaßen worden, daß in der faschings Zeit keiner sich in faschings oder Narn kleidungen Vff der Straßen ertappen lassen, Viel weniger fleisch essen, noch einkauffen soll, sonsten alles durch die rumor Meister vnd Knechte hinweg genommen werden solte. In allen Häußern aber sind desto mehr musiken vnd faschings Possen getrieben worden.

Gott sey gelobet vor Erlebung
Dießes Monaths, Er condonire
meine peccata com- et omissionis
Vnd verleyhe mir inskünfftig den
Geist der Weißheit, des Raths
Vnd Gedächtniß. Amen.

Den 1. Februarij. avec Dieu Je commence a cet heur cette mois. Heute ist alhier in Wien Aschermitwochen celeberirt vnd in der Kirchen denen gemeinen Leuthen vom Pfaffen Asche Vff die stirn oder kopff gestreuet vnd eingerieben worden cum hac loquendi formula bey Jedem: Memento homo, quod pulvis sis et in pulverem reverteris.

Den 5. 6. 7. 8. Februarij. Bin ich zu Baden im Bad geweßen, welches mir, wegen der bißherigen vielen Vngarischen Reißen vnd weinen Zur Gesundheit gerathen worden zu gebrauchen; es liegt 4 Meil. von Wien, hat Vnterschiedliche Bäder, alß das Peters Bad, Josephs Bad, Hertzogs Bad oder Saur Bad, deren sich die K. K. M. M. gebrauchen, ist sehr schön mit säulen gebauet. Das Hertzogs Bad wird vors kräfftigste gehalten. Zum Vhrsprung, welcher außerhalb der Statt ist, muß mann an Einem Berg, durch einen weiten gang in den Berg mit einem Lichte gehen, alda die quelle gantz heiß vnd die Steine von dem schwefel Vnd starckem Dampff gantz merb sind, daß sie sich Zerriblen lassen. Alles silber wird gelb, Vnd waren meine silberne knöpff wie gold, am Vfer deß flusses ligt purer gelber schwefel.

Den 10. Februar. Heute ist der Kayserl. geheime Secretarius Ambrosius Kögel gestorben an einem Apostäm.

Den 12. Februarij. Die Festinen Bey Hof dieße 3 faschings Tag, alß der rare Tantz von Vielen der Vornehmsten Cavalliers, Comoedia Vnd Wirtschafften, seind mit großer Vergnügung Ihrer Kayserlichen Mt. Volbracht worden, wie dann Vorgestern auch bey der Verwittibten Kayserin im Beysein aller Majestäten eine schöne Vnd kostbahre Wirtschafft gehalten, alwo Dero 15. Hof Damens Einen rechten Marck aufgericht, Vnd Jede Ihren absonderlichen Stand wohl gezieret vnd geschmückt gehabt, Vnd darin jede waß anders Verkaufft, eine von Zucker, die andere von Lemonie, die Dritte federwildprett, die Vierte Von andern Sachen. etc. etc.

Bey welchen dann die sämtliche Majestäten eingekaufft, hernach aber alles Preiß gegeben worden, auch ist dabey ein Graf von Rappach ein Artzt geweßen, Vnd auf einem theatro medritat (?) verkaufft, welcher ein Freyherrn Zum Courtisan gehabt, Vnd vor denen Majestäten Treflichen agiret hat. Der Hertzog von Lothringen wird ehist von hier abreißen. Der Graf Harrant, welcher Vnlängst hierherkommen, ist auß gewissen Vhrsachen seines Regiments entsetzt Vnd verlautet, daß selbiges seinem Obrist Lieutenant H. Graf Biccolomini verliehen werden solle.

Den 14. Februarij ist festum S. Matthiae celebrirt Vnd dem Fürst Esterhasy Vngarischem Palatino das guldene Fluß, ex gratiosa concessione Regis Hispaniae bey denen Augustinern Vmbgehencket, Vnd Er mit großen Solennitäten in den Numerum angenommen worden. Ihre Kays. Mt. Leopoldus I. waren in der Augustiner Kirchen auf Einem 7 Staffel Hoch erhabenen Thron, vnter Einem Baldachin sitzend, Vff der rechten Seiten stunde der Marschall mit dem bloßen Schwerd, Vnd 2 Cammerherrn, alle mit dem guldenen Fluß Vmbgethan, diße stunden Zur rechten oder Seiten deß Evangelij ohnfern deß hohen Altars, Zur linken oder Seithen der Epistel am hohen Altar stunden der Nuncius Apostolicus, Vnd Spannische Pottschaffter, welche Beede allein in Einem mit rothem Sammet gezierten Stuhl sassen, In dem Stuhl daran, welcher mit gewürckten Zierlichen Tapeten behengt ward, sassen: Der Fürst von Schwartzenberg, der Statthalter Graff Martinitz, der Böhmische Cantzlar Graff Nostitz, Graff Wallenstein, Vnd noch 9. alle in der reyhe nach Einander mit dem guldenen fluß am Halß oder Vff den Achseln gezieret. Der Spannische

Secretarius muste das guldene Fluß, auff einem roth Sammeten Küssen Zum Altar tragen, nach Vorhero durch den Vngarischen Bischoff gethanen Gebeth muste der cingendus Fürst Esterhasy beym Altar schweren; darauff ward das guldene Fluß Zu I. K. Mt. getragen, cingendus nahete mit sehr Tieffen reverentzen Zur Kays. Mt., kniete Vorm Thron, vnd empfunge alßo Von den Kays. Händen gedachtes guldene Fluß Vmb den Halß; hoc peracto, stunde Er auff, machte Tieffe reverentz, vnd Verfügte sich Zu denen, welche mit dem guldenen Fluß an der reyhe Vff denen bänken sassen, küssete sie nach Einander, vnd setzte sich Vnten in ihre reyhe. Damit war der Actus Zu Ende.

Ihre Kays. Mt. hatten kostbahre rothe federn Vfm Hut, Ein schwartz Spitzen Kleid, die Ermel waren goldstück, im Mantel und Degen drunter. Der Palatinus hatte einen sehr köstlich aller Orthen mit dichtem Gold gestickten Vngarischen habit an, mit Edelgestein besetzt nebst dem Sabel, welcher Vnten, mitten vnd oben an der Scheiden schön mit Silber eingelegt vnd überguld war, die Schuh vnd Vngarische Strümpff waren auch gestickt, Vornen an der Brust hatte Er ein Vnschatzbahres Angehäng, eine Beltzhaub vnd Stutzen Von denen kostbahrsten Zobeln; hisce omnibus peractis war das hohe Ambt vnd missa cantata gehalten. Nachmittag wurde Vom Palatino im Landhauß eine große Mahlzeit gegeben.

Den 18. Febr. Bin ich von der hohen Brüken auß Herrn Sahrs Zimmer zum H. Resident Schrimpffen in schwartzen Bähren am Lubeck gezogen, vnd mich bey ihm in die Kost verdüngt. Heute den 22. Febr. hat man die im St. Stephans Thurn ohnlängst aufgehenkte große Glock, so 8410 ℔ gewogen, zum erstenmahl geläutet.

Den 25. Febr. Heute fuhre der Kayser, Kayserin vnd Kays. Hof Statt Zu denen Dominicanern wegen deß Fests Thomas de Aquino; hatten wegen deß H. Cardinals von Hessen Trauerkleider an. Item der Fürst von Dietrichstein, Graf von Dietrichstein vnd Graf von Lamberg hatten lange Trauermäntel vnd Gebundene Rosen von Flohr Vfm Hut.

Den 12. / 22. Martij. Wegen deß a Pontifice Innocentio xi angeordneten Jubilaei universalis (darin enthalten ist, quot quicunque pias ad Deum preces effuderit, quo Deus Ter Opt. Max. imminentium bellorum pericula avertere, ingruentium hostium, praesertim immanissimi Turcae vires reprimere, inter Principes Christianos concordiam et pacem retribuere et conservare, Ecclesiam suam sanctam tueri, fidemque Catholicam protegere et augere dignetur, plenissimam omnium peccatorum suorum indulgentiam et remissionem misericorditer in Domino consequi debeat) sind die Beede regierende K. Mt. Mt. am Sontag Judica von denen P. P. Augustinern aus, Vnd Vf gelegten Brettern Vber den kohlmark biß zu St. Stephan Zu fuß gangen.

An verwichenem Freytag ist abermahl deßwegen eine große procession alhir geweßen, Vnd Zwar von der Kayßerlichen Burg aus biß Zu denen Michaelern, Von dar biß nach der Schotten Kirch, aus dißer in die St. Stephans Kirche, Erstlich gingen derer Cammerherrn, Ambassadeurn vnd Pottschaffter Ihre Laquayen, pagen Vnd bedienten je Zwey Vnd Zwey. 2.) Die Kayserl. Cammer Trabanten. 3.) Die Kays. Edelknaben je Zwey vnd Zwey. 4.) Die Cammerherrn in großer Anzahl. 5.) Kays. hohe Ministri. 6.) Vff Beeden Seiten die Kays. Trabanten vnd Hatschierer. Darauf folgten der Spannische Vnd venetianische Pottschafftere, zwischen welchen der Nuncius Apostolicus ginge, nach dißen folgten Ihre Kays. Mt. in einem schwartzen Kleid, Vnd schwartzen Band Vfm Hut, eine Bethe in der Hand haltend, nach Dero ward die regierende Kayserin, Vnd ErtzHertzogl. Prinzessin, durch den Obrist Hofmeister Vnd Obrist Cammerer geführet; nach dißem folgte das Kayserl. Frauen Zimmer, die Kayserl. Wagen Vnd Wacht.

Den 7. Martij. Mittags ließen I. K. Mt. im Prater ein Fuchsprellen halten, Ih. K. Mt. hatten wegen der Cammertrauer ein tunkelgrau Kleid an mit schwartzem Band vnd schwartzen federn Vfm Hut. 148 Füchße wurden geprellt Zu Tode. Item 5 Dächße gehetzt.

Den 10. Martij. Heut hat die Kays. Hofstatt, alle Pottschaffter vnd Bedinten der großen procession beygewohnet, Von denen Augustinern zu den Schotten vnd St. Stephan, währete von 10 Vhr an biß halb 1 Vhr.

Den 12. Martij. nach geleßener Predig bin ich nach Hof gangen, hab gesehen daß I. K. M. mit der gantzen Hofstatt vnd Pottschafftern bey denen Augustinern 3 mahl in der Kirchen herumb gangen, vnd Endlich Vorm Altar stehen blieben, alle Palmzweige in den Händen Tragend. Heute haben die Eltern ihre Kinder Vfm Palm Esel bey St. Stephan, gegen die Gebühr, reiten lassen. Die geweyheten Zweyge heben sie auff vor die Gespenster.

Den 14. Martij. Die Wächter an St. Stephan sind exemplariter gestrafft worden, weilen Sie ohnlängst den Brand, so beym H. Grf. von Pötting entstanden, nicht angemerket vnd angeschlagen.

Den 16. Martij. Heut hat der Kayser 12. Armen die Füße gewaschen, dergleichen hat gethan die Kayserin Vnd der Wienerische Bischoff bey St. Stephan. In der Stephans Kirchen ward der Öhlberg vnd Christus crucifixus in cruce praesentiret. alß gestern Abend die sogenante Pumper Metten gehalten worden, sind dem Kaysl. Bereuther Indessen 700 fl. nebst mobilien vnd Edelgestein außem Zimmer gestohlen worden.

Den 17. Martij habe bey St. Stephan, nach geleßener Predig, die passions Comoedi agiren sehen, Vnd war heute der Charfreytag mit Beschauung derer Heiligen Gräber feyerlich Zugebracht. Ein heiliges Grab war künstlich Vnd kostbahrer alß das andere, der verwittibten Kayserin Ihres war am kostbahrsten, dann das allerschlechteste mit Silber Vffgeputzet vnd gezieret war, oben in der Lufft schwebte Ein Engel, welcher an der Brust das venerabile, so mit Dämanten, Ametisten vnd andern Edelgesteinen Treflich gläntzte, gantz funkerend hatte, Vmb vnd Vmb war eine schrifft mit Diamanten gestickt, Exsurget Deus et dissipabit inimicos suos. Vfm Theatro stund ein Königl. Stuhl, welcher mit Türkiß, Diamanten vnd allerhand Edelgesteinen Vffs kostbahrste gestickt worden. Dabey saß der König David in Lebensgröß mit einer köstlichen Cron vnd silbernen Harpfen mit Edelgesteinen besetzt, der Adler Vff Beeden Seiten in Silber. Das Creutz, daran Christus crucifixus hange, war pur gold, lag Vff einem schwartz sammeten küssen.

Die Hartschierer vnd Trabanten stunden Vff beiden Seiten, achtend Vff die pretiosa gebende.

Den 18. Martij ließ Einer dem Andern glückseelige Feyertage wündschen, Vormittag ist wider ausgeläutet worden, daß jegliche wer nur gewolt, hat fleisch essen dürffen, nachmittag gegen 7 Vhr ist bey denen Augustinern die Auferstehung Christi agiret worden, dabey am hohen Altar eine schöne von 300 kleinen Brennenden Lichtern angerichtete Crone zu sehen war. Der gantze Kays. Hoff hat der Sollennität beygewohnet. In wehrender Zeit daß Christus im Grab gelegen, ist niemand communiciret worden. Dißen Abend holten die Pfaffen das venerabile wider außem Grab, damit ging der Kayser vnd Kayserin vnd gantze Hoffstatt.

Den 19. Martij ist der h. osterfeyertag celeberirt worden, vnd haben I. K. M. offentlich gespeist, die Pottschaffter vnd Nuncius mit bedecktem Haupte Vfgewartet, die Kayserlichen Kuttscher waren in rothem Sammet gekleydet, die Hartschier, Trabanten und Edelknaben in schwartzem Sammet. Sobald Ihre K. Mt. den ersten Trunk gethan, sind die Pottschaffter fortgangen.

Den 20. Martij ist der h. Ostermontag celeberirt worden. Heute sind die Leuthe häuffig zu denen Franciscanern gangen, haben bey St. Vlrich aus dem Brunnen getrunken, der Ihrer Meynung nach gut vors fieber sein solle.

Den 22. Martij praesentirte Printz Louis sein Regiment à 1100. mann, Vfm Kays. Burg Platz.

Den 25. Martij hab ich wegen der so stark geschwollenen Manteln liegen bleiben vnd medicinalia, gurgel Wasser vnd andere Linderungen gebrauchen. Der Balbierer vnd chirurgus besorgte, species angines daraus werden möchte.

Den 9./19. April. Heute alß ich eben nachmittag Vberm Schreiben gesessen, wird bey St. Stephan Sturm geschlagen, die Burgerschafft laufft Zusammen, die Trumeln werden gerührt, die Eck Posten bewachet, vnd war solches wegen der starken, in deß Spannischen Pottschaffters Hauß zum guldenen ochsen entstandenen Feuersbrunst, dieße hat eingerissen, daß die Häußer biß zu den Cappuzinern hinauf Vfm neuen Mark, ohnweit deß Fürstens von Schwartzenberg Hauß, abgebrand sind, die Leuthe vnd Nachbahrn gegen Vber vnd Vff den Seithen sind zwar alle auff denen Dächern gestanden vnd haben die schindel Dächer abgebrochen, aber Eß hat nit vil geholfen, dann das Feuer zu stark geweßen, sogar, daß der Rauch, Dampff, Hitze vnd Flamme schon Vber der Stephans Freyheit zum schwartzen bähren zu gangen ist.

Ich habe die meisten Sachen eingepackt zur Salvirung, Jämmerlich wars zu sehen, wie die Leuthe, auch die in selber Gegend wohnende Vornehmste Leuthe Vff der Gaß geloffen, geweint, vnd eins einen Bündel hier, das andere dort Einen Bündel hingetragen vnd vorm feuer salvirt. Endlich ist es Vermittels der herbeygeführten großen Feyersprützen gelescht worden, ist zwar zum 3ten Mahl wider angangen, Endlich doch biß Vffs glimmen getuschet worden, Betten, Bücher, Tapezereyen sind halb verbrand den Fenstern herausgeworffen worden, en fin; Eß war ein groß Jammer vnd Elend anzuschauen. Der rumor Meister vnd Knechte Trieben die Leuthe par force zum Wassertragen an. Der Commendant, Burgermr. vnd andere Cavallier ritten herumb vnd frischten die Leuthe an, riffen ihnen zu, zum fleißigen leschen vnd Wassertragen.

Einige feine Ehrbahre leuthe giengen aus den verbrannten Häußern gantz betrübt vnd bestürtzt heraus, hatten etwa ein klein Kind Vnterm Arm, oder ein klein Bündelgen. Vmb 1 Vhr fungs an Vnd brente in größter flamme biß 6 Vhr. Heut kompt Zeitung, daß der Turckische Kayser dem Tekely habe einen säbel, Cafftan vnd Sessel geschickt, quod pro indicio Dominatus habetur. Vmb 9 Vhr in der ¦Nacht war ausgetrummelt, daß ein jeder Bürger bey etwa dergleichen wider vorfallenden Vnglücken, zu seiner Fahnen mit ober vnd Vnter gewöhr Eilen solte. Dergleichen solten auch die Zimmerleuthe sich in parat halten. Eß haben die Leuthe, die noch an den brennenden Häußern ihre anliegend gehabt, an Ihre Thüre geschrieben: consummatum est, item einen Tisch oder stuhl Vmbgelegt, Vnd Einen Laib Brod druffgeleget.

Den 13. April. Heute ist außgeblaßen worden, daß die gantze vnd halbe Guldiner solten abgesetzet vnd nicht gültig sein, vnd vor Kayserlich neu gemüntztes geld eingewechselt werden.

Hr. Graf von Weissenwolff hat vom Spannischen Pottschaffter, alß durch dessen Leuthe Vnvorsichtigkeit der große Brandt Vfm neuen Mark entstanden, wegen seines Haußes, alß darin Er gewohnet vnd gantz abgebrandt ist, begehret 60,000 fl. Der Ambasciator hat aber nur 50,000 fl. vor allen Schaden offeriret, darin sich die Nachbahrschafft Theilen solte.

Den 16./26. April. Eß ist heut aller Orthen in der Statt spargiret worden, samb seye Zeitung kommen Von Laxenburg, Daß Ihre Kays. Mt. die regierende Kayserin eines Kayserl. Printzen geneßen seye, sogar daß auch Ihre Mt. die verwittibte Kayserin dero Zwerch per Posta nacher Laxenburg geschiket, Vnd der Hr. Graf von Pötting heut Nachmittag selbst dahin gefahren ist, Vmb die rechte Gewißheit zu erfahren, so viel ich aber von dem Kayserl. Capellan, Xanßes, diße stund vernehme, so ist an der Zeitung, wie wohl sie Zu wündschen, noch nichts, sondern das geschrey daher kommen: daß deß K. Hof Kriegs Zahlmeisters Haußfrau (dero Nahmen Kayserin ist), heute eines Jungen Sohns geneßen ist. Eß ist sonsten vor so gewiß erzehlet worden, daß auch der Venetianische Pottschaffter dem Prälaten Bey denen Dorotheern solle haben Zusagen lassen; Er möchte sich über die so gute Zeitung Über Tisch erfreuen. Mann sagt, daß der Venetianische (sic) Pottschaffter albereit denen Bey neulichem Brand schaden gelittenen Leuthen 50.000 fl. Vnter sich proportionaliter austheillen Zulassen, zahlen wolte, weilen das Feuer durch seinen Koch, mit schüttung fetts ins Feuer, ausgekommen sein solle.

Den 18. Aprilis hab beym II. Resident Schrimpffen Zubracht, item im leßen, vnd Italianischen geübt, die quästion An solus Papa, an vero cum ipso Cardinales etiam teneantur causas controversas decidere atque concludere?

Den 20. ist früh Morgens zwischen 3. vnd 4. ein Mann in der Statt herumb geloffen, vor dem ein schwartzer Hund gangen, vnd gerufen, O Weh! O Weh! ist ein recht jämmerlich: Zettergeschrey geweßen, vnd wann Er schon ist gefragt oder Zuschweigen geschlagen worden, hat Er doch fortgeschrien, in der Gegend meines Zimmers haben alle Leuthe sich in die Fenster begeben, vnd dem Elenden Geschrey Zugehöret. heute ist der Hr. General Feldmarschal Grf. Georg Fritz von Waldeck hir ankommen, vnd Hr. Grf. Christians Excell. Zum General-Feldmarschall-Lieutenant Vnter den Kayserlichen erklärt worden.

Den 21. April. Heut ist festum S. P. Jacobi celeberiret vnd im Keller Hof Vnterm freyen Himmel Predig gehalten vnd alles mit Meyen besteket worden.

Den 22. April. bin mit Hr. General-Feld-Marschalk Grf. Georg Fritz von Waldek, Secretario vnd Bedienten in der Kayserin Favoriten gewesen, Daselbst gesehen Im Garten das schöne Grottenwerck, Die 4 Elementen durch Figuren praesentiret, Die Wasserkünste, Die 4 Zeiten deß Jahrs. Im Kays. Sahl vnd andern Zimmer waren kostbahre Gemählde, bilder, auch was Ihr. K. Mt. selbst gemahlet, ein Spiegel, da mann Vfm kopff stehet im hinein sehen, vnd wann mann nah dazu geht, von grosem dikem gesichte ist. Die Kaysere nach Einander in Lebensgröße. Der König in Engelland in Lebensgröß. Der König in Frankreich, Spanien, Hertzog von Lothringen, Savoyen, von Mantua, alle in Lebensgröße etc. vnd andere kostbahre rare Kasten vnd Mobilien von Silber.

Den 24. Aprilis. Verwichenen Sontag ist eine Kaufmannsfrau aus der Niderlag in der Calvinischen Predig beym Holländischen Abgesanden geweßen, hat deßwegen müssen 100 Rthl. straf geben. Die Catholische Geistliche leyden gantz vnd gar nicht, daß ein Bürger in eine andere alß Catholische Predig oder Kirche gehet, ob Er schon nit Catholisch ist.

Den 27. Aprilis. Das festum ascensionis Christi ist folgender gestalt gehalten worden. 1.) haben die Pfaffen in St. Stephans Kirchen beym hohen Altar gesungen, hernach waren 2 Fahnen vom großen Altar her getragen, darauf St. Stephanus gemahlt mit der Oberschrifft: S. Stephane! ora pro nobis; nach dißen 2 fahnen folgten musici vndt Chor Pfaffen, gingen biß zur Vntersten Thür wo der Taufstein steht, mitten in der Kirchen stund ein Tisch, darauf opferten die Leuthe grüne Gräntz, wie nun ausgeläutet war, wurden 6 kleine Engel an Sailen, die von oben herunter hungen, vnd aufgezogen vnd niedergelassen werden kunten, ein jeder Engel hilte ein brennend Licht in der Hand, Vnten beym Tisch stunde Christi Figur in Lebensgröß von Holtz vnd aufm Tisch 2 brennende Lichter.

Die Engel wurden bißweilen hinauf, bißweilen herunter gelassen, auf eben die Arth, wie sonsten im Pollizenellenspiel die Kinderlein hüpffen; nach disem wurde die ged. höltzerne figura Christi an ein Sail gebunden Vnd nach vnd nach hinauf Zum Boden zu gezogen, nebenher wurden die Engel mit den brennenden Lichtern auch hinauf gezogen, vorher aber ein Engel mit einem brennenden Licht, wie sie nun fast in der mitten war, vnd in der Lufft schwebeten, fungen die buben vnd Kinder an zu schreyen vnd in die Hände zu Platzschen, ärger alß die Juden buben, vnd dises geschah Zu verschiedenmahlen, Im wehrendem disem hinaufziehen war georgelt, vnd oben Vffm Boden geposaunet. Wie nun die höltzerne Figur oben am Boden war, Vnd eben am Loch solte hinein genommen werden quasi in Himmel, schrien die Jungen in der Kirchen gar Zu ärgerlich vnd plätzschten in die Hände, sobald die figura dem Loch hineingekommen, blieben die Engelein heraus mit ihren Lichtern hangen, vnd waren Bilder vnd ostien herunter Vnter die Kinder geworffen, sobald nun die Kinder drauf zugeloffen, vnd Vffgeleßen, schütteten sie oben herunter etliche Züber voll Wasser. Dieses gab ein gelächter in der Kirchen, quod horrendum, vnd dißes geschah bei 4 biß 5. Mahlen mit dem Wasser heruntergißen, vnd Bilder werffen; hisce absurdis finitis, ward eine weiße Taub außem loch gelassen, welche in der Kirche herumbfloh vnd deren die buben nachjagten, Vff die Stühle, Altäre vnd wo sie hinkamen stiegen, die Taube so lange jagten, biß sie sie bekommen, wer sie bekompt, der hat 1 rthlr. davon, die federn werden alle ausgeropfft von den Leuthen vnd zu gewissen Sachen gebraucht. Himit war die Comoedi geendigt. Dises alles aber soll Spiritus S. dona bedeuten, es lassen sich die Leuthe gerne mit gedachtem Wasser begießen.

Den 30. April / 10. Mai. Weilen Ihre Fürstl. Gnd. von Schwartzburg wie auch Hr. Grafen von Windischgratz Excell. mehrentheils Zu Laxenburg bey Ihrer Kays. Mt. sich aufhalten, so gehet es anjetzo mit denen decretis vnd referiren etwas langsamer, alß sonsten anhero; ohnlängst hab ich die Nachricht aus Breslau, daß deß H. Grafen Nostitz Excell. den 29. April daselbst ankommen seyen, Vnd sein logiamento habe genommen im daigen dhamme, Vnd solle den 13. Mai die Wahl Eines neuen Bischofs anfahen. Indem der H. General-Feldmarschall Graf Georg Friederich von Waldek etwas malad worden, so ist deß H. Margrafs von Baden F. Dchl. Zu Ihme gefahren, vnd haben Vorgestern Zusammen Kriegsconferentz gehalten.

Den 2. Mai. An denen Weinreben, lassen sich kleine blaulichte käfer in groser Menge sehen, Welche der Vngarische Wind alle in die Wienerisch: vnd Weinhausische Weinberge soll gebracht haben, fressen alles am Weinstok ab.

Hier ist Vater den Bürgern gebrauch, daß deß Kinds Vatter vor dem, da Er Zu gevatter bitten will, muß VfT die knie fallen, vnd muß ihn alßo bitten.

Den 7./17. Mai. Vorgestern Bin ich zu Laxenburg Vnd Gundermans Dorff (alwo der H. R. V. Cantzlar Vnd Hof Cantzlar Hocher Ihre quartiere haben) I. F. D. Angelegenheiten halber geweßen, Ihre Kays. Mt. hatten eben medicin eingenommen, Befunden sich sonsten Beyde Kays. Mt. Mt. in hohem gesundem Wohlsein, die Kays. Niederkunfft wird dieße Woche Verhoffet; deßwegen deß H. Hertzogs von Neuburg Vnd dero Gemahlin Hochfürstl. Dhl. Dhl. sich continuirlich Zu Laxenburg befinden; Daselbst starke Wache gehalten wird, alßo bald vorm Kayserl. Lusthauße halten Tag vnd Nacht 2 Reuther zu Pferd in einem Kyraß, Ein Virtl stund davon ohnfern der Jägerstange, am Ende deß großen Lustgartens, abermahl 2 Reuther Zu Pferde, Vnd dann aller Orthen Schiltwachten zu Fuß. Den 7. Maij hab nach gehaltener Sontags Andacht die Tartarische Gesandschafft (so in mehrentheils Lumpengesindl bestunde) vorm rothen Thurn gesehen, Ihre Trachten, Türkise Pittschier Ring, Vnd Schrifften gesehen.

Aus Tartaria vnd Rhetia waren bey obiger gesandschafft 22. Persohnen, Vnd im Greiffen von 20 Mußquetirern bewachet. Die Übrige Zeit ist zu Feyrung deß Heil. Pfingst Sontags mit leßen, singen vnd beten Zugebracht worden.

Den 9. Maij ist der Pfingstdinstag celebrirt vnd von denen Baurs Leuthen eine gewohnheit practicirt worden, daß sie an disem Tag einen Pfingst König erwehlen, vnd lassen ihn hernacher ins Wasser fallen.

Den 12. Maij habe die Tartarn speißen sehen.

Den 15. Maij. Bin gegen 10 Vhr nach Gundermans Dorff gefahren, alwo aber der R. V. Cantzlar nit, sondern zu Laxenburg war, deßwegen nach Laxenburg gefahren, daselbst durch den Kays. Cammer Thürhüter Ihrer Kays. Mt. das Fürstliche Schreiben allerunterth. überreichen lassen, welches Ihre K. Mt. auch alßobald durch den Cammerherrn in dero Kays. Gemach ist gereicht worden.

Der Kayserl. Printz vnd Printzessin lagen im Fenster, waren Zusammen lustig, dem H. Grf. KönigsEck, welcher eben beym H. Grafen von Harrach gespeist, habe das Fürstl. Schreiben auch Überreichet. Von dar bin ich auff Pittermannsdorff, alß daselbst der R. H. R. praesident sein quartier gehabt, gereist, vnd hab s. f. Gnd. Vnterth. aufgewartet, vnd das Schreiben in dero Fürstl. Hände Ueberreicht, vnd anbey bestens recommandirt.

Bin nach dißem wider nach Wien gereist. Heute ist zu Petersdorff, alß dahin der Hof Cammer Rath, wegen der langen Subsistentz deß Kaysers zu Laxenburg, verlegt geweßen, das memorial vberreicht worden.

Den 18. Maij. Heut ist der große Umbgang geschehen, deme I. K. Mt. Zu fuß mit beygewohnet.

Den 21. Maij. Heute ist abermahl eine sehr grose procession von denen Dominicanern aus gehalten worden; heut kompt Zeitung, daß der Kays. internuncius Zu Constantinopel ankommen, aber eher nit Zur audientz gelassen sey, biß mann relation erhalten, wie die Tractaten zu Offen mit dem Tekely stehen. I. K. Mt. kamen von Laxenburg herrein, vnd wohnten der Comoedi bey. H. R. H. R. Breunings Sohn ist am Schlagfluß ohnvermerkt gestorben, woran in 4 Wochen viele Plötzlich verschieden.

Den 23. Maij. Ihre Kays. Mt. haben zwar heute Vmb 8 Vhr von Laxenburg herein wider kommen wollen, Weilen aber Ihre Mt. die

Kayserin früh zwischen 3 vnd 4. Vhr eines Kayserlichen Printzens geneßen, so blieben sie draußen, vnd musten die K. ministri, so schon voran in die Statt herein gezogen waren, wider hinaus kommen. Dißen Abend haben draußen vor der Statt etliche Geschütz gelöst, Raketen geworffen vnd Freudenfeur wegen der Geburth deß K. Printzens gehalten, in der Statt aber niemand.

Den 24. Maij. Heut früh ist durch die Regierung der gantzen Statt angedeutet worden, daß wegen deß Ertzhertzoglichen Printzens, 3 Tage lang solten Freudenfackeln Vffgestecket werden, welches zu bewerkstelligen sich alle beflissen haben, der H. Resident Schrimpff hat 20 Windlichter à 20 fl. vor seine Fenster kauffen lassen. Ich hab vor meine 3 Fenster lassen machen lange Gitter, darin geöhltes Papier gemacht, darauff ich schneiden lassen Vff jedes einen schwartzen Adler mit Einem Lorbeer Krantz Vmb vnd Vmb Vff beeden Seithen, darneben Zwey gelbe Löwen, alle mit aufgesetzten Cronen Vnd grünen Lorbeer Kräntzen herumb, diße von gefärbtem Papier schön ausgeschnittene Figuren in solcher größe, daß die 3 Fenster mit 3 Rahmen erfüllet worden, ließe ich Vff Rahme Pappen Vnd neben dran die Buchstaben machen: Vivat Leopoldus I., Vivat Eleonora Magdalena Theresia!

Heut ist der Spannische Vmbgang gehalten worden, da die kostbahrste, rareste Tapezereyen ausgehenket worden, welche dergestalt künstlich gewürket geweßen, daß man alles vor subtile gemählde eher alß vor gewürkete Figuren angesehen, so nett sind die schattierungen gemacht. Vnter andern waren an den Tapezereyen zu sehen, die historien, wie die Menschen vor dießen mit den Thieren gekrieget, wie die Tapfere Helden mit Ihren säbeln, spießen vnd stangen die wilde Thier, Beeren, Löwen, Elephanten, Tiegerthier, PantherThier, große Wilde schwein in Lebensgröß gehetzet vnd Vmgebracht. Die 4 Zeiten der Welt, tota Christi vita Vnd leyden vnd Wunderwerken mit lebhafften farben künstlich gewürket. In der Michaelis Kirchen waren die kostbahre mit Gold vnd silber durch vnd durch dergestalt gewürkete Tapezereyen, deren sind 6 stück geweßen, welche Franciscus I. König in Frankreich Zur rantzion gegeben, alß Er von Carolo V. vor Pavia ist gefangen worden, zu Madrit sind die andere 6 stücke. Der König in Frankreich hat schon offt 400 rthlr. darvor gebotten.

Heute Vmb 4 Vhr ist zu Laxenburg der Kays. Printz getaufft worden, vom Nuncio Apostolico. Die verwittibte Kayserin vnd Hertzog von Neuburg haben ihn gehoben, vnd ist Ihme der Nahmen gegeben worden: Leopoldus, Josephus, Antonius, Wilhelmus, Franciscus, Philippus, Erasmus. Vmb halber 9 sind Abends die Freuden Lichter angezündet worden, vnd ist kein Fenster in der gantzen Wiener Statt geweßen, da nicht Laterne oder Fackeln gesehen worden, Vffm Graben war der prospect am schönsten, an Eine reyhe sind rothe, blaue, gelbe, grüne laterne praesentiret worden. Item 20. 30. vnd mehr Windlichter vor denen fenstern.

Die H. Dreyfaltigkeits Säule war Vmb vnd Vmb mit allerhand farben Laternen gezieret, daß aller Orthen so tag geweßen, alß were es mitten im Mittag. Vfm graben waren Wassergranaten geworffen, geschossen, geruffen vivat Leopoldus! jubilirt, gesungen, die Nacht durch Vff der Gassen getantzet. Die strassen Vnd Gassen dicht voller Leuth, die aller Orthen herumbgingen vnd sahen wie die Häußer vnd mit wie viel Lichtern gezieret waren. Der Pabst vnd König in Spanien sind Zu gevattern gebetten.

Den 25. Maij. Heute ist die letzte große procession in der octav gangen, da alle handwerksleuthe von 6 Vhr an biß 9 Vhr an Einander mit Ihren Fahnen in der Ordnung nach St. Stephan gangen. Von halber Eilff ist die K. Hoffstatt, Cavalliers vnd vornehme Herrn in der procession gangen, der Kayser hat selbst auch eine brennende Fackel getragen. Der Cardinal, Spannisch vnd venetianische Pottschaffter auch.

Dißen Abend sind die freudenlichter abermahl angezündet vnd vivat mit jubiliren, schießen Vnd tantzen, geschrien worden. Der Frantzöische Envoye hat auch 12. Windlichter brennen lassen, Vnd in der mitten praesentirt 1 Sonne vnd 3 lilien cum emblemate: Fulget ubique. Der Margraff von Baden hat 80 Windlichter brennen lassen. Diße Nacht ist einer bey dem Lichter schauen Vff der straß erstochen, vnd eine Frau erschossen worden, vnd Vielen Weibern vnd Mägdlein mit blind geladenen röhren durch die Röcke geschossen worden, welches öffters lermen verursachet.

Den 26. Maij. Heut ist der Cammerdiner Schmitt gefängl. eingezogen worden, weilen Er dem Kays. Printzen mit Gifft vergeben wollen.

Den 27. 28. 29. Maij bin ich mit dem H. Resident Schrimpffen nach Oedenburg gefahren, hab dorten gebeichtet vnd communiciret, dann sonsten kein näherer Orth ist, seine Andacht zu verrichten.

Den 30. May bin ich wider nach Wien kommen, alß ich nach Hauß gehe, laufft ein desperater student mit blosem Degen, Vff einen alten Kayserl. Falckonierer zu, schilt ihn, sticht ihn in Leib, daß Er alßbald darnieder fält, vnd der Thäter springt ins Capuziner Closter. Gott sey Lob Vnd Dank vor gndste. Erhaltung in disem Monath, Er verleyhe in künfftiger Zeit auch seine Gnade vnd reichen Seegen. Amen.

Den 1. Juny. Der ohnlängst gefangen gesetzte Cammerdiner Martin Schmitt hat mit einigen Franzosen Verdächtige Correspondentzen geführet.

Der hießige Statt Richter hat jedesmahl vor seinem Hauß zum Zeichen eine Kugel hencken.

Ihre Mt. die Kayserin pflegt in der 4ten Woche Ihren fürgang Zu haben.

Den 9. Juny. Heute hab bey denen Cappuzinern den beschreyten P. Marcus de Aviano die benediction geben sehen. Thäte eine Italiänische Sermon Zu der Versammleten großen Menge, deren Inhalts ohngefähr, so viel ich behalten, ware: Essendo radunata tanta quantità degli huomini con tale Speranza di ricevere la benedictione, per questo pregarebbe, che ogn' uno se prepararebbe con il pregare, facendo penitenza ed Invocando Iddio, per tre pater noster, quatro Ave Maria et due fede ò articoli, inginnocchione, laonde tutti li huomini si mettevano in ginocchio; questo fatto, gridava in lingua tedesca: Rosengrantz! Rosengrantz! Doppo questa parola tutti elevavano le loro corone di rose, pregavano qs. cantando, nach diesem, ruffe P. Marcus Veberlaut: Ich hab gesündiget, gesündiget! gesündiget! Du habst gesündiget! Nimmermehr Thun! Nimmermehr Thun! etc. schrie laut Vnd weinte hefftig darbey, nach disem sagte Er: chè Dunque Spera, che Iddio lui perdonarà, il qual dirà meco: Ich glaub: Ich glaub :/: :/: Vestiglich. Vestiglich :/: Dißes war etlichmahl widerholt. Finalmente diceva: quando li mutoli, li sordi, li ciechi, et li altri ammalati et deboli crederranno, io gliene assicuro, che haveranno la sanità, se non in questa vita, niente di meno in altra migliore vita.

Heut ist die Königin aus Pohlen, oder jetzo Hertzogin von Lothringen Vff der Donau hir ankommen.

Den 10. vnd 11. Juny. Der Königin aus Pohlen Ihre Schiffe geschen.

Den 12. Jun. Ihre Kays. Mt. haben dem Hrn. Grf. Georg Fritzen von Walddek den Fürsten Stand offeriret, vnd die deßwegen gehörige tax ins Tax Amt mit 12000 fl. bezahlet.

Den 13. Juny. Hr. Fürst Georg Fritzen von Waldek ist heut zu Laxenburg beym Kays. Ober Jägermeister gastirt, vnd übern Margraff von Baden, weilen Er auch Reichs General Feldmarschall ist, gesetzt worden.

Den 14. Juny. Heut ist festum Johannis celeberirt worden; nach gehaltener Predig ist Hr. Graf Christian von Waldek beym H. Residenten Schrimpff geweßen, hat von mir geredet, daß ich Ihm malefitz Persohn durch sein Land nach Vöhl hette führen lassen. Haben freudenfeur die Leuthe an allen Orthen gemacht vnd drüber gesprungen, auff disen Tag wird auch Jedermann, auch alle Dinstbotten in Wien Meth Trinken, Exemplo Johannis, welcher nichts in der wüsten alß wilden honig vnd heuschreken gessen.

Dißen Abend gegen 8 Vhr hat der Printz Horn, welcher erst aus Niderland kommen, einen Spannischen Obristen, Breda, wegen Erailferung beym Cartenspiel in der guldenen Sonnen erstochen. Gedachter Horn hat sich zu denen Capuzinern retiriret, welchen der Spannische Ambasciator Endlich in seinen Schutz genommen. In diser Wochen sind 3 Jämmerliche Todesfälle geschehen. Der obige vnd ein gesell seinen Meister erstochen, vnd neulich der Kays. Voglwärter.

Den 15. Juny, heute ist die Franciscaner Kirche mit dem Rumor Meister Vnd Knechten bewacht worden, Vmb den Thäter heraus Zu bekommen.

Heute kompt Zeitung ein, daß der Türk schon mit 20 m. bey Offen ankommen, begehrte die Huldigung biß nach Preßburg vnd Oedenburg.

Den 19. Juny. alß P. Marcus neulich vom Kays. Hof gangen, sind die Cavallier alle Vff (die knie in der Ritterstuben gefallen, vnd haben von Ihme die benediction bekommen, solches ist zu Laxenburg geschehen, dabey auch I. Exc. H. Graf Christian von Waldeck geweßen.

Den 18./28. Juny. Der P. Marcus ist noch hier, vnd wird dergestalt venerirt, daß auch die Leuthe in der Kirchen, wo Er hingetretten, die Erde küssen, Vnd stücker auß dessen kutten, abergläubischer Weiße, schneiden; Weilen Er ihrem Glauben nach, viel vnd große miracula verrichten solle, deren keins aber noch würklich kann gesehen werden, es seye dann in dem kupfer so beylieget, Vnd hier häufig verkauft wird.

Den 20. Juny. Heut hat der Tartarisch gesander zu Laxenburg bey I. K. M. audientz gehabt, vnd notificirt, daß der Tartar Cham, Moßkowiter vnd Turken Frieden mit Einander geschlossen hetten. Sie sind in deß H. Margrafen von Baden seinem Wagen nach Hof geholt worden, haben der Kayserin von wegen deß Tartar Chams gemahlin auch ein compliment gemacht vnd geschenk gebracht.

Den 25. Juny/5. July. Vorgestern haben sich abermahl alhir 2 erstochen, Vnd sind bey St. Ulrich 2 leibliche Brüder vom Wortstreit zu den Schlägen kommen, daß Einer von Ihnen alßobald Todes verblichen, der andere Verwundet Vnd nunmehr Vff die Schrahne geführet worden ist.

Der neuliche Schlosser Gesell, so den Meister erstochen, hat Zwar sollen geköpfft werden, darzu auch alle praeparatoria sambt dem Leichkahr schon beygeführt vnd angestelt geweßen. Er ist aber ausgebetten, Vnd Vff etliche Jahr nach Raab condemniret worden, quae impunitas malevolis potius incitamentum, quam abstinentia à malo esse videtur.

Den 28. Juny. Heute wurde das Fest St. Kilians gefeyert, woran die Frankische nation Zusammen kompt vnd in groser procession das Fest feyert mit Einer Possirlichen litaney, die die Leuthe in der procession vnd bey St. Stephan singen; fängt an: Wir ruffen an den Theuren Mann St. Kilian, St. Colonat vnd St. Lotman, dich loben, dir danken deine Kinder auß Franken. Heiliger St. Kilian etc. etc.

Den 29. Juny/9. Julij. Gestern Mitwochens, ist allhir in der Statt Vffm Fischmark, ohnfern der Schrahnen, Einem Menschen, welches 2. Vnehrliche Kinder von Vatter Vnd Sohn erzeuget, Vnd sie nach vnd nach umbgebracht hat, die rechte Hand vnd Kopff abgehauen worden, deren noch Vnterschiedliche auf den Tod sitzen sollen. Den nachmittag darauf ist ein Lehr Jung verschieden, welchen sein Lehrmeister Vffm Graben dergestalt hart geschlagen, mit einem federmesser gestochen, Vnd im Zorn alßo tractirt gehabt, daß Er hat sterben müssen, hoc facto hat sich der Lehrmeister ins Closter salvirt.

Den 2. July. Heut hat P. Marcus bey St. Stephan den Seegen geben vnd gepredigt in Italianischer Sprach, dgl. er gethan Vfm graben bey der H. Dreyfaltigkeits: Saul, Da eine Cantzel Vfgerichtet war, Er gab die benediction Vber die gantze Welt, es lieff eine Vnbeschreibliche Menge Volks mit.

Ihr. K. Mt. ging von St. Stephan auch Zu fuß nach biß Vff den Graben. Es haben die gemeine Leuthe dem P. Marco stücke aus seiner Kutten geschnitten, wegen der Meinung Eß auch was Heiliges sey. Den 2./12. July, Da P. Marcus, der Catholische Heiliger, in St. Stephans Kirche, nachgehent Vfm Graben folgender Arth hat seinen Abschied genommen.

Ihre K. Mt. die Regirende Kayserin, die Königin in Pohlen jetzo Hertzogin Von Lothringen, die verwittibte Kayserin, vnd die Kayserl. Printzessin, sind in der Verwittibten Kayserin Trauer Wagen Zusammen in obbeschriebener Ordnung vnd großem Pomp nach St. Stephan gefahren, daselbst vom P. Marco beym mittleren Altar gespeisset, nachgehents hinauf ins gewöhnliche Kayserl. oratorium geführet vnd gesegnet worden, nach dißem ward das hohe Ambt gehalten, von P. Marco die Predig in Italianischer Sprach verrichtet, Vnd seyner Gewohnheit nach, der Seegen gesprochen, hirbey ist nun ein so große Menge Volks geweßen, daß sich wegen der harten Zusammen Truckung keiner hat rögen können.

Mitlerweil daß dißes bey St. Stephan geschichet, Bauet man Vfm Graben bey der Heil. Dreyfaltigkeit Saul eine Cantzel auff, Behengt gedachte Seule mit Vielem Zierath Vnd Fahnen, die Wohnungen daselbst werden alle mit Tapezereyen Behenget, Immer eines kostbahrer alß das andere, Ihre K. Mt. samt Dero Vorherigen comitat fahren aus St. Stephan biß Zum stock im Eißen, steigen Daselbst ab, vnd gehen Zu fuß ohne gelegte Bretter biß Vff den Graben in ein vor gedachte Mt. Mt. Zubereitetes, vor gemelter Seule überstehendes Hauß, alda verrichtet ged. P. Marcus abermahl eine sermon, gibt den Seegen der Unbeschreiblichen Menge Volks vnd nimbt damit Abschied, Vmb weiter Zu reißen, Eß ist aber dabey keyn Einiger Lahmer, Dauber, Blinder, Besessener oder kranker etc. gesund worden, Viel weniger anderes miraculum, außer der Verblendeten superstition geschehen.

Den 12. July. war Mar. Magdal. Feyertag bey St. Stephan hoch celeberirt. Die Italianische Predig bey denen obern Jesuitern gehöret, welche vom Hoffarth, so hir in der Statt im Schwang gehet, Zimlich wohl eingerichtet vnd Zu straffen componiret war.

Den 16./26. July war das Festum St. Jacobi geweßen, Vnd
dann am Kayserl. Hofe, draußen in der neuen Favorita, Über der
schlag brucken, ohnfern deß gewesten Cammerpraesidentens großen
garten vnd Glaßhütten, alles bey Hof in Trefflicher gala, wegen deß
älteren Kayserl. Printzens Geburthstag, einhergangen ist, heute aber
Ihre Ihre Kays. Kayserl. Mt. Mt. herein kommen Vnd Ihre devotion
bey S. Anna im Closter gehalten.

Eß ist In obged. 2. Tagen der Kays. Hof Cantzlar von Hocher,
fast immer bey deß Herren Hertzogen von Lothringen Vnd Neuburgs
F. Fürstl. Dhl. Dhl. wie auch der Königin geweßen.

Den 20./30. Julij. Gestern referirte mir ein Preßburger gar
gewiß, daß die Türken bey Neuhäußel sich sehr zusammen Ziehen,
Vnd dahero die In selbiger Gegend wohnende das Ihrige al schon
in Sicherheit flüchten Thäten nach Preßburg.

Am Verwichenen Dienstag, den 18. / 28. hujus haben Ihre
Mt. die Verwittibte Kayserin die generalprobe der Zu Ehren der
regierenden Kayserin Mt. Nahmenstags angestelten Italianischen
kostbahren comoedi, in dem großen Lustgarten zu Schönbrunn halten
lassen, alwo an statt deß theatri, auf einem grünen gleichen Platz,
Zwischen grünen Spallier Vnd Bindwerken, hohe Berge perspectivisch Vfgerichtet, darauf Häußer gebaut, in der mitten gantz offen,
Vff Beeden seiten 2. frische Brunnquellen, Vnd hin Vnd wider mit
schön grünenden Bäumen gezieret war.

Loco interludij kamen Bähren Vnd Löwen aus den Wäldern Vnd
Büschen, welche rechte Menschen, Vnd nur in der wilden Thieren
häute eingenehet, Vnd alßo von den Jägern gefället wurden; Dißer
Probe wohneten Bey, Ihre Kays. Mt. die Verwittibte Kayserin Vnd
Hertzogin von Lothringen, Ihre Dchl. der Hertzog von Neuburg Vnd
Dero Fr. Gemahlin Fürstl. Dchl., welche an Einem Orth sub dio in
großen Sesseln sassen. Hinter dißen abwerts eine große Menge
Vornehmer Damen Vndt Cavallieru, weiter dahinden eine hoch auf-
gerichtete Bühne Voller frembden Zuschauer.

Wie nun alles Vnter freyem Himmel agirt vnd bald geendigt
wurde, kompt ein Vnvermerkter Sturmwind, Vnd Vnversehenes Gewitter Vnd Regen, daß jeder Mann ohne respect Zur Garten Thür
hinaus ins Truckene sich zu retiriren per forza geeilet, Vnd kaum
Platz geweßen, Ihre Mt. die Kayserin, die Hertzogin von Lothringen,
vnd von Neuburgs F. F. F. D. D. D. aus dem Garten ins Truckene

zu salviren. Zu dißen Gedreng kame noch, wie ich selbst gesehen, daß der große Sturmwinde das Vfgerichtete theatrum Zur rechten Seiten Zerknackte Vnd Theils übern hauffen risse, dahero auch die rechte comoedi, der ordre nach, gestern nicht, sondern heut erstlich hat können agiret werden. Das Gewitter ist so stark geweßen, daß gegen 8 Vhr allhir in der Statt Vfm kühn marck am rothen Igel, im Rechenbergischen Hauß, oben eingeschlagen, das halbe Ziegeldach Zerschmettert, das Dach Zerschüttert, 3 Weibs Persohnen getroffen, deren eine gestern verschieden Vnd 2 noch krank darnieder liegen, Vndt durch den so starken knall vnd von Vielen noch nie erhöhrten Donnerstreich in der Statt ein schrecken Vnd großes Entsetzen vervhrsachet worden.

Das argumentum obgedachter Comoedi kann aus folgendem ersehen werden: Furono nella Beotia, regione della Grecia, lungo all' Atica apresso il fiume Orcomeno, due fonti, l'una delle quali, à chi bevea dell' acque sue, toglieva la memoria, l'altra la ritornava. Dalla qualità di queste fonti, esendo verisimile, che alcuna volta possano haverne bevuto persone amanti, e che possa in quelle esser nata oblivione, ò reminiscenza, che habbiano partorite novità ne' loro Amori, si è cavato l'intreccio, che si leggerà e s'e intitolato le Fonti della Beotia. L'apparato Rappresenta una delitiosa valle trà fioriti colli della Beotia con fabriche Villareccie: et un luoco di nobile habitatione in Villa. Con le due fonti nominate una dell' oblivione, e l'altra della reminiscenza etc. etc.

Den 25. Julij ist festum S. Dominici celebrirt worden, welchem I. K. M., die nuncius vnd Pottschaffter vnd Kays. Hofstatt bey denen Dominicanern beygewohnet.

Den 27. July/6. Aug. Ich vernehme, daß der Obrist Stahrenberg aus Vngarn alhier wiederumb arrivirt vnd von Ihme berichtet seye, Wie schlecht es sowohl an Lebens- alß Kriegsprovision in den Vngarischen Plätzen bestelt were; Es dörffte, bey jetzigen umbständen, ein Vnvermerkter Vfstand Vnd nicht geringe Noth entstehen, Indem, wie mann sagt, die in Vngarn aufgebottene Gespannschafften sollen gefragt haben, ob sie dann auch wider den Tekely streiten müsten? Die libertät, so er bestritte, suchten sie auch. Darüber im Kriegs Rath nicht weniges consuliren entsprungen, bevorab da der Türck je länger je mehr sich rüsten Vnd annähern Thut, auch Cascha schon gewiß Veberwältigt sein soll.

Hic est effectus deß Colnitschischen Verfolgens derer protestirenden, wordurch anjetzo dem glorwürdigsten Kayser Leopoldo, vnd respective auch andern getreuen Ständen, nicht wenige molestien creirt werden, indem keiner, qui primum fuit turbandis rebus accommodatissimus, pro sopiendo nunc ejusmodi statu turbulento Hungar: Einiges gedeyliches consilium nicht an Hand geben kann. Die Kays. Völker sollen vor Hunger, weil kein recht magazin in Vngarn ist Vfgerichtet, mehrentheils crepiren; mehrere, so fast Täglich von hier Vf der Donau hinunter geschikt werden, sind neugeworbene Kerle, quibus inexpertis dulce bellum, Vnd die der Lufft vnd Weins niemahls gewohnt geweßen.

Die Hußaren lassen sich mit Plündern nicht weit von hier ziemlich verspühren, haben neulich nach gehaltener comoedie Zu Schönbrun, eine nach der Statt zu fahrende carozza beraubet. Alhier besorgen sich schon Viele einer abermahligen ausflucht.

Gott steure dem Wüten derer Feinden.

Den 30. July / 9. Aug. Heut wird mir referirt, daß Ihr. Kayßl. Mt. sollte von Ihrer Päbstl. Heyl. erlaubt sein worden, bey jetzigem gefährlichen Zustande in Vngarn, Vnd der Ottomanischen Porten, Von sambtlicher Clerisey, bevorab denen Jesuitern, den Überflüssigen Reichthumb Vnd Schätze zu nehmen, Vnd zum Krieg zu employren, gestalten Seine Päbstl. Heyl. etliche Tonne Golds auch contribuiren wollten. Item sollen ohnlängst Einige Catholische Einen von denen malcontenten bekommen Vnd denßelben mit Händen vnd füßen an eine Thür genagelt, hernacher Ihme Bley in die Augen gegossen haben.

Den 31. July. Heut ist festum S. Laurentij celeberirt worden. Ihr. K. M. haben der devotion bey denen Lorentzern beygewohnet.

Den 5. Aug. ist Festum assumptionis Mariae feyerlich celeberirt worden. Ihrer Kays. Mt. sind bey denen Ober Jesuitern, wegen morgendem St. Rochi fests in der Vesper geweßen, in der Italianischen Predig deducirte der Jesuit, daß alß Maria gen Himmel gefahren, seyen alle 7 Himmel, alle astra vnd elementa ihr gewichen.

Den 6. Aug. Ihre Kays. Mt. haben bey denen Augustinern Vf der Landstraßen Festum St. Rochi, patroni pestis, celeberiret.

Den 8. Aug. Dißen Abend hielt Monsr. Sepeville, frantzöischer Envoyé, eine große Festivität, wegen deß Sohnes des Dauphins, so erst gebohren, dabey Ihr. Kays. Mt. durch H. Grafen von Wallenstein, vnd H. Grafen von Traun ein Compliment machen lassen.

Den 10./20. Aug. Die Festivität, so der Französche hießige Ambassadeur, wegen deß neugebohrnen Printzens deß Dauphins, gehalten, ist mit folgenden ceremonien Vorgangen. Vorgestern Dinstags ward der Anfang, 1.) waren 24 große Brennende Windlichter vor seinen Zimmern ausgestecket. 2.) Das Königl. Wappen der 3 lielien blau, nebst zweyen Delphinen praesentiret. 3.) Die brennende Windlichter Vnter die Leuth preiß geworffen. 4.) Wein geloffen, dabey sich eine solche schlägerey entsponnen, daß die Kaysl. Soldathen haben scheiden müssen, dergleichen ist gestern auch geschehen, heut wirts erwartet.

Das gestrige tournir in der Kays. Favorita betreffd., so ist es, wie folgt beschehen. In bemelder Favorita sassen mitten vorm tournier Platz, Ihre Mt. die Verwittibte Kayserin Vnd Hertzogin Von Lothringen Vnter Einem erhöheten Thron, hinter Ihnen das Frauenzimmer Vnd Damen, Vmb und Vmb war eine Menge Zuschauenden Volks. Nach gegebenen Trommetenschall ritte Erstlich der Hr. Graf Rekheim, tournierte mit der Lantz, Pistohle, Degen Vnd anderm, Vff türkische Papierne Köppe. 2.) Der Fürst von Lobkowitz. 3.) Der Junge Hertzog von Savoyen, welcher auff einem silberfarbenen schönen Pferd, darauf eine kostbahre Tiegerthiers Haut lag, ohne Sattel und Zaum sein tournir Verrichtet, vnd gedachtes Pferd nur mit Einem im Mund gethanen rothen Band gouverniret hat. 4.) Hr. Graf Von Bolheim. 5.) Hr. Printz Louis. 6.) Herr Graf von Baahr. 7.) Hr. Graf von Sahlenburg. 8.) Hr. Graf Von Buchheim. 9.) Hr. General Stahrenberg. Nach vollendetem tournir waren bey der Verwittibten Kayserin Mt. Thron die Gaben ausgetheilt. Der Hr. General Stahrenberg, als welcher fast niemahls gefehlet, bekam das beste, nemblich einen Ring von 1000 rthl. Der Hr. graf von Sahlenburg einen mit Edelgestein gezirten Degen, Vnd große silberne schaale. Hr. graf von Rekheim, die von denen Cavalliers selbsten pr. 100 Dukaten Vfgesetzte gabe.

Den 12. Aug. Der Türk pflegt jetzt alle Briefe, die der Römische Kayser an ihn schreibt, dem Tekely Zu leßen Zuzuschiken.

Den 14. Aug. ist festum St. Bartholomei gefeyert worden, bin mit dem Hr. Residenten Schrimpfen, H. Persio, H. Plussen, H. Reichhelmen Zu Herinalß vnd Weinhauß geweßen. Predig geleßen.

Den 2*0*. / 30. Aug. Daß das reformatious Wesen in Vngarn anjetzo so Unglücklich ablaufft, schiebt der B. Colnitsch Vff die hohe Kriegs Ministros, dieße Vff die Hof Cammer, welche kein Gelt zum kriegen hette hergeben, enfin ein hoher Minister Vf den andern, worüber Ihre K. Mt. in Vorgestrigem Geheimen Rath mit harten Worten sich nicht wenig sollen alterirt haben, indem es scheinet, ob dürfften dem Adler starke federn ausgepflücket werden, welches nicht gut vor Teutschland, Mähren, Schlesien Vnd Oestreich were. Gott schencke den lieben Frieden.

Den 21. Aug. Nachts habe mit H. Plussen den neuen Cometen gesehen, welcher Vmb 10 Vhr an ursa majore gestanden.

Den 28. Aug. Heute wurde ausgetrommelt, daß ein Kind verlohren worden seye gestern, wer etwas davon hörete, solte es an den N. Orth bringen, aller Orthen wurde in der Statt spargirt, daß der Collonitsch an allem reformiren schuldig, vnd nun die Vngarische Vnruh verulirsachte.

Den 29. Aug. Mariä geburth war celeberirt, hörte die Teutsche vnd Italianische Predig.

Den 5. Septbr. heut sind die viele starke artillerie Pferde hier durch in Vngarn gangen.

Den 6. Septbr. heut hat man angefangen die burgerschafft in den Waffen im Arsenal zu exerciren.

Den 11. Septbr. Festum St. Matth. Evangel. ist celeberirt worden; heute ist der obrist Lieutenant Lamb, der in Caschau gelegen, herein gefänglich geführt worden, die rebellen sollen schon biß Neusidel an Oedenburg gestrailft haben.

Den 13. Septbr. habe beym H. protonotario Huigen den Extractum rerum exhibitarum in den Ostfrißländischen Sachen überkommen, Er hat wegen der Türkengefahr schon angefangen einzupacken, weßwegen ihn Vile ausgelacht. Heute ist den Leuthen in den Vorstätten angedeutet worden: Ihre beste Sachen in die Statt zu salviren vnd die Häußer abzubrechen in den Vorstätten.

Den 14. Septbr. Die Kays. Soldatesca zieht sich Vmb Wien Zusammen. Der Kayser zieht auch wider vom Land, wegen der Unsicherheit herein, heut ist des H. grafen von Königseck beschliesserin Von rumor Knechten eingezogen worden, weilen sie Viele geheime Sache deß Frantzöischen Envoyé secretario eröffnet, die sie in deß H. R. V. Cantzlars Cabinet bekommen.

Den 14./24. Septbr. Wegen der je länger je mehrer annäherung derer Vngar. vnd Turckischen packen schon Einige hier ein, und machen sich zur Abreiße fertig, auch redet man albereit Von Abreißung derer Häußer in der Vorstatt bey St. Vlrich, item daß die in den Vorstätten wohnhaffte Wohlhabliche Leuthe herrein in die Statt ziehen und Burgere werden sollen.

Die Burgerliche Officirer werden im Arsenal Täglich, wie ich selbst gesehen, in militaribus exerciret; der Wall vorm K. Burgthor alhier wird mit gebackenen Steinen aufgeführet. Daran arbeiten Täglich etlich hundert Persohnen.

Ihre K. Mt. werden mit der gantzen Kays. Hofstatt auf instehenden Sambstag von Eberstorff auch herein kommen. Heut sind die Völker ariviret, welche umb hießige Statt herumb, zu besserer defension, sollen geleget werden.

Was es sonst vor ein schlechtes Außehen in Ungarn hat, zeiget das gehorsambst beygelegte, so genanntes, Wienerische blättl.

Das am Verwichenen Sonntag Bey St. Stephan alhier angeordnete 40 stündige Gebeth, wegen obgedachter Gefahr, continuiret nun durch alle Kirchen. Eß soll schon ordre ertheilt sein, daß jedweder Müller ein gewisse Summe Meels herein schaffen muß.

Deus providebit!

Den 19. Septbr. ist Festum St. Michaelis celeberirt worden, im Prater gewesen, die vielen Schiffmühlen an der Donau gesehen.

Den 23. Septbr. bin ich mit H. Residenten Schrimpf außm schwartzen Bären auß, vnd in deß Kays. Cammerdiners H. Lomagy Behaußung eingezogen.

Den 24. Septbr. heut ist Festum B. Virginis Mariae de Victoria celeberirt worden, vnd der Kayser von St. Stephan biß zu den Dominicanern zu fuß Vff Brettern in der devotion gangen.

Den 27. Septbr. heut ist der Hertzog von Neuburg mit 28 Schiffen vff der Donau, nachdem Sie sich vorhero in deß gewesten Cammerpraesidentens garten mit I. K. M. erlustiret, gegen 3 vhr abgefahren.

Den 1./11. Octbr. Der Kayserlichen Hof Cammer will kein Kauffmann nichts mehr vorschießen, weilen mann keine alte Schulden, Vielweniger Interesse, nicht bezahlet, und neue Schulden lässet alt werden.

An denen Außenwerken Vnd Wall der hießigen Statt wird noch Embsig gearbeitet, die Pallisaten sind nunmehr umb die Pasteyen vorm rothen Thurn völlig gesetzet.

Der hier ankommene und in der Statt beym rothen Ochsen einlogirte Moßkowitische Gesander wird, Wie mann glaubt, die beschehene Erwehlung deß Moßkowitischen Czars notificiren.

Ihr K. K. Mt. Mt. sind jetz, da sich die malcontenten nach Schlesien Vnd Mähren wenden, noch zu Eberstorff. Die Weinfexung, welche Vieler Eintzige Nahrung ist, wird dieß Jahr alhier sehr schlecht und die Trauben in Ungarn mehrentheils verfault befunden.

Den 2. Octobr. heut kompt Zeitung ein, daß die Türcken schon in Schlesien eingefallen, vnd dem Graffen von Promnitz seine Herrschafften weggebrandt hetten.

Den 5. / 15. Octobr. Ihr K. Mt. Mt. nebst den Kays. Printzen, haben heute bey denen 7 Büchern das Festum St. Theresie celeberiret.

Den 8. / 18. Octobr. Sollen die vom Tekely alhier ankommene Vnd in etlichen Persohnen bestehende Ambassade, gleich andern Moßkowitischen, Türkischen vnd dergleichen Barbarischen Gesandschafften, mit Soldathen bewachet, Vnd wo Einer von Ihnen hingehet, durch dießelbe begleitet, auch niemand Zu Ihnen gelassen werden, wie man glaubt, das armistitium urgiren.

Den 15. Octobr. hat die große Festivität bey der H. Dreyfaltigkeits Säule vmb 8 Vhr Ihren Anfang genommen vnd gewähret biß 2 Vhr. Nachmittag hats wider angefangen vnd gewähret biß in die Nacht.

Estratto fuera del Corriere
ordinario, Vienna
24. Octobr. 1682.

Domani sarà celebrato l'anniversario dell' erettione della colonna della S. Trinità, in rendimento di grazie, per la liberazione di questa città e paese dal flagello della peste, e per onorare maggiormente tal festività, si porteranno le loro Augustissime Maèstà nella Cathedrale di St. Steffano, et indi doppo finito l'ufficio Divino si trasferiranno avanti la sudetta Colonna, dove sarà cantato il Te Deum con isquisitissima musica, havendosi per tali solennità erctta una bellissima capella per il clero, et un gran teatro per i musici, et ornata tutta la piazza con bellissime Arcate, Figure, Inscrizzioni, giroglifici et ingeniosi emblemi, con le statue degl' Imperatori Austriaci et altri vaghi ornamenti, parendo tutta la Piazza un bello gjardino di delizie. Tutte le case della piazza (Vfm Graben) medesima saranno ornate di quadri, e tapezzarie, e la sera tutte le fenestre piene di lanterne etc.

Obiges alles ist heute alhier Vfm graben nebst Einer Unsäglichen Menge Volkes Zu sehen geweßen. I. I. Mt. Mt. haben von 8 biß halber 2 Vhr continuirlich der Devotion beigewohnet, vnd Zu fuß in der procession gangen, schwartz gekleidt vnd rothe federn Vfm Hut.

Den 21. Octobr. Bin bey Hof in der vesper geweßen, die wegen morgenden Allerheiligen Fests gehalten wird. der I. Kays. Mt. vnd die Pottschaffter beygewohnet.

Den 23. Octobr. Nach Closter Neuburg mit H. Secretario Plussen vnd Mr. Beken gefahren. Daselbst P. Marzellini die raritäten gezeiget, den Ertz-Hertzoglichen Hut etc.

Den 1. Novembr. ist Festum St. Martini celeberiret worden, welchen die gänße mit Ihrem schreyen da! da! da! Zu Stein am Anger, ist eine Statt In Vngarn, ohnfern Oedenburg, verrathen haben, nach verrichteter Predig, hab ich H. Sahren, welcher zu Wasser und zu Land nach Darmstadt gereist, etwas von meinen Sachen anvertraut.

Den 3. Novembr. I. M. M. der Kayser vnd Kayserin sind heut Vff der Maur bey einer Schweins Jagt geweßen, dabey auch der Hertzog Von Würtenberg geweßen, welcher einem Schwein, so Vff den Kayserl. Schirm zu geloffen, eine Pode abgehauen vnd einen Fang gegeben, welches dem Kayser sehr wohl gefallen.

Den 4. Novembr. I. I. M. M. sind nach Closter Neuburg Vmb daselbst dem Fest des Heil. Leopoldi beyzuwohnen, heute solle des Herrn Obrist Teutschmeisters Fürstl. Gnaden die Ober-Hauptmannscharge in Ober vnd nieder Schlesien aufgetragen Vnd die Herrschafft Freudenthal zum Fürstenthumb ad ipsius vitae dies erigirt sein.

Das duelliren ist nunmehro indistincte alhier bey Straff Lebens und Guths publice verbotten. Jedermann fängt an sich Vff gewiße Zeit zu proviantiren.

Den 8 Novembr. heut ist offentlich in der Statt ausgeblasen worden, daß sich jedermann proviantiren, das vnnütze Volk aus der Statt, vnd jeder von seinem Vermögen pro cento eins geben soll, Vmb der bevorstehenden Türkengefahr begegnen zu können. Dießerwegen ist auch ein groß getruktes Kayserl. mandat herauskommen, vnd an die Thoren angeschlagen worden.

Den 10. vnd 11. Novembr. hab in der Windhagischen Bibliothec, welche bey denen Dominicanern Vfgerichtet Vnd alle Tage 4 stunden offen ist, daß jeglicher hinein gehen vnd studiren kann, mich Vffgehalten, vnd mir Einige Spannische Bücher Zu leßen geben lassen.

Den 13. 14. vnd 15. Novembr. ist H. Grf. von Windischgratz catholisch Vnd geheimer Rath worden. Festum St. Catharinae celeberirt, vnd der 14 tagige Mark Vfm Hof angefangen worden. Der Schwedische Envoyé Grf. von Ochsenstern hat lassen in seinem Zimmer durch einen Evangelischen Geistlichen in der Kirchenmayerin Hauß Vfm Fischmark publicè predigen, darinnen etliche hundert Evangelische kommen.

Den 22. Novembr. heut sind I. I. M. M. zu denen Dominicanern vnd Jesuitern in Einer gala gefahren, wohnen jetzund nachmittag einer bey denen Jesuiten haltenden Comoedie bey.

Den 23. Novembr./3. Decembr. Deß H. Hertzog Georg Friederichs Zu Würtenbergk Fürstl. Dchl. sind aus Vngarn, nach ausgestandener Krankheit vnd reconvalescirung, anhero kommen, Tragen Hoffnung Zu einem Regiment.

Der Bischoff Collnitzsch ängstiget die Nieder-Vngarn noch gar sehr, hat zu Oedenburg die Schulen schon wiederumb sperren lassen, mit Ernstlichem Begehren, daß auch der eine Geistliche Nahmens Lang, so bey Ihrer Fürstl. Gnd. von Eggenberg Hofprediger geweßen, aus der Statt Oedenburg weichen solle, frey bekennend, daß er seinen Kopff eher nicht zu Ruhe niederlegen wolle, biß die Lutheraner alle aus dem Königreich Vngarn seyen. Bey dißem gefährlich aussehenden Zustande sollen Einige Reichs Hof Räthe sich albereit zum abreißen parat halten. Hier wird in denen Vorstätten noch Täglich geworben. Gott lenke die hohe Gemüther Zu friedlichem Stand vnd verlangender Ruh.

Gestern den 5. Decembr. sind die Kays. Deputirte von der Statt auch hier in deß H. Lomagi Haus geweßen, haben alle Persohnen darin aufgeschrieben, auch mein Vnd meines Dieners Nahmen, welches durch die gantze Statt beschiehet, in quem finem nescitur, es werden alle vnd jegliche Persohnen, per totam civitatem, vom größten biß zum geringsten knechte, Mägde, Laquayen, Handwerkskerle, Kinder etc. Vffgeschrieben; obs geschieht, vmb sich recht proviantiren zu können, der kopffsteuer halber, oder das Vnnöthige Volk auszuschaffen, weiß man noch nicht.

Den 25. Novembr. Die Vniversität hir soll 50 m. fl. zur Türkensteuer geben, heut kompt gewisse Nachricht, daß der Türck den Krieg wider die Christenheit schon ausschreyen vnd Roßschweiffe aushencken lassen, deß H. Grf. von Promnitz Reuther erzehlet, daß die rebellen das Stätgen Promnitz Vnvermerckt überfallen, alles niedergehauen, Einigen Leuthen Theils 2 füs, Theils 2 Hände, Theils Eine Hand, Theils Ein fuß abgehauen vnd Jämmerlich im Blut liegen lassen.

Den 26. Novembr. / 6. Decembr. Ich hab nicht allein Vorhero, sondern auch noch gestern nachmittag bey gewissen confidenten R. H. Räthen expisciret, daß Ihre Kays. Mt. noch zur Zeit resolvirt bleiben, Von hier ab Vnd, damit das Gelt in Dero Land verbleiben, auch von Frembden dahinein gebracht werden möchte, nacher Prag auff instehenden Februar: Zureißen, gestaltten dann auch schon der Verwittibten Kayserin Mt. angesuchet, daß Deroselben Vorhero die Abreiß, in casum der besorgenden Türckischen Unruh, verstattet werden möchte, sintemahlen Deßen Mt. sonsten bis zuletzt Verharren, vnd zu Abführung Dero Nothurfft, wegen der Wagen Vnd Abfuhr, Schaden Vnd Noth leiden müsten, jedoch wird sich alles demnechsten, weilen nunmehr der Februarius Inner wenigen Wochen herannahet, im Werk selbsten zeigen.

Den 28. Novembr. ist Festum conceptionis Mar. gefeyert worden, auff welchen Tag der Jesuit in der Italianischen Predig immaculatam V. Mariae conceptionem weitläuffig deducirt, Vnd Endlich solches ex legib. Juris Civilis probiret, qui possidet majus, possidet et minus. l. 21. de R. J. atqui E. Item Iddio ha saputo hien un modo di crearla senza macula, come ha saputo un modo di creare l'Eva senza peccato originale. Item Iddio ha lo potuto, perque si dice nel articolo de la fede, tutto poderoso. Item quando dubitatur in casu libertatis et servitutis. tunc semper pro libertate sententia ferenda est etc. Dorothei et Augustini defendebant contrarium. Die Burgerschafft fängt an, wegen der schwehren Anlagen schwührig zu werden.

Den 3. Decembr. Der Obriste Hofmeister Hr. Graf von Lamberg ist heint in der Nacht gestorben.

Den 7. Decembr. Alß eben heut der gute Evangelische Prediger Zu Oedenburg, Hr. Lang, aus Anstifftung deß Collnitsch aus der Statt gehen sollen, ist Er plötzlich gestorben, dicens: Si terra me ferre non vult, capiat me coelum.

Den 10./20. Decembr. Heute haben in der Verwittibten Kayserin Capelle Abends gegen 8 Vhr die Weynachts Predigen angefangen, so ein Cappuziner in Italianischer Sprach gethan. Der Fürst von Schwartzenberg offerirt zum Türckenkrig 4 Millionen gegen Verpfändung deß Fürstenthums Teschen, morgen soll ein Anfang gemacht werden, zu Beyführung derer 500 m. Pallisaten, so Vmb die Statt Zu setzen.

Die Abreissung derer Gebäuwden in denen hießigen Vorstätten Veruhrsachet ein nicht geringes Klagen derer Interessenten. In dem Arsenal alhier wird jetzund Täglich an Hand: Vnd Roßmühlen, sodann Gewähr Vnd andern Kriegspraeparatorien gearbeitet. Mit ehistem soll Ein Haußvisitation vorgehen, ob ein Jeder mit proviant Zur Gnüge versehen sey? etc.

Den 15., 16. vnd 17. Decembr. sind nach dem neuen Calender alhir in Wien die Heil. Christfeyertage celeberirt worden. Ihre Kays. Mt. haben den ersten Heil. Christag offentlich gespeist.

Den 17./27. Decembr. Nachdem Ihre Regirende Kayserliche Mt. Mt. dem großen Fest bey St. Stephani gestern in großer Versammlung Vormittag von 10 biß 12 Vhr Beygewohnet, wurde nachmittag über die vom vngarischen Palatino eingeschickte relation, waß selbiger mit Theils Vngarischen Magnaten abgehandelt, eine conferentz gehalten; Der Tekely hat in denen Bergstätten annoch seine Salvaguardien vertheilt, Vngehindert deß daselbst einlogirten Teipentalischen Regiments die Ihme accordirte monathl. 3 m. fl. bezahlt werden.

Die auf dem Reichsboden liegenden Kayserl. Völker sollen, dem Verlaut nach, von Dannen aufbrechen, bey nechstem Aufbruch in Vngarn stehen, vnd hingegen die neugeworbene ins Reich geschiket werden. Der König aus Dennemark soll sich erklärt haben, gegen die Türcken, vor Zahlung, Völcker herzugeben. Aus Holland sind 3000 Centner Pulver anher zu bringen Eiligst bestelt. Mann sagt abermahlen, daß 50 Müntz Patenten, vermög deren Einige an Schrot Vnd Korn geringe Guldiner sollen verbotten werden, Vnterschrieben seyen. Sonsten will deß Kaysers Reiße nacher Regenspurg dißmahls continuiren. Am Verwichenen Dienstag soll der an den K. Internuncium nach Türckey Spedirte Expresser dahin gebracht haben, daß Er, Caprara, von allen negotiationibus abstehe, vnd seine herausreiße maturire;

mann sagt auch, daß der König in Schweden Ihre K. Mt. 20 Tausend Mann gegen Bezahlung hergeben wolle, davon solten 10 m. in Vngarn Vnd die übrige ins Reich einquartirt werden.

Den 18. Decembr. haben bey St. Stephan die kleinsten Knaben, am Vnschuldigen Kinder Tag, eine Instrumental vnd vocalmusic gehalten. Heute pflegen die gemeine Leuthe sich Einander auffzukindlen. Durch die Statt Wien darff kein Postilion blasen, ist auch nie geschehen, alß wie der Courrirer die Friedens Pottschafft außm Römischen Reich gebracht hat.

Den 19. Decembr. sind die Handwerkskerle häuffig hir weggereist, weilen man ihnen gedroht, wann sie mehr in die Schwedisch-Evangelische Predig würden gehen, sie durch den Rumormeister wegnehmen vnd vorn Türcken schiken wolte. Ih. F. D. Hertzog Fridrich August von Eisenach sind hier in denen 3 Haken ankommen.

Den 20. Decembr. sind die Häußer in der Vorstatt vorm Burgthor biß an die gesetzte Stangen haufig weggebrandt worden. Die müssige Leuth gen 3. gl. deß Tags zum schantzen von den straßen weggenommen worden. Der Türk will mit 225 m. Mann Östreich vnd Schlesien angreiffen, Vngarn liegen lassen in Ruhe.

Den 21. Decembr. Heute hab, der hießigen Gewohnheit nach, wegen deß morgenden Neuen Jahrstag, lassen glückliche Feyertage denen bekannten R. H. Räthen vnd guten Freunden wünschen, hingegen sie mir wieder.

Den 22. Decembr. Heute ist nach dem neuen stylo Neu Jahrs tag gefeyert.

Den 21. / 31. Decembr. Im übrigen stehts hier nicht zum besten, gestern Vormittag ist durch öffentlichen Trummelschlag in- Vnd ausserhalb der Statt publicirt worden, es solle ein Jeder Herrnloßer vnd müssiger sich beym schantzmeister einfinden, vnd zum schantzen am Stattgraben, deß Tags pro 3 fl. sich gebrauchen lassen; gestern hab ich selbst vor der statt remarquirt, wie stark mann am Graben schantzet, zwischen dem Burg- vnd neuen Thor wird gedachter graben weiter abgestochen Vnd gegraben, die revellinen Vnd scarpen mit gebackenen steinen gefüttert, vnd die contrascarpen jäh abgestochen, etlich hundert Persohnen arbeiten täglich daran, vnd bekompt von den Taglöhnern Jeder 4 gl. Die Handwerkskerle machen sich häuffig auß der Statt hinweg. Vor den Heil. Feyertagen sind etliche durch den Rumormeister gefänglich eingezogen worden, weil sie in die

Evangelische Predig beym Schwedischen Abgesanden gangen sind. Der Türck soll, wie mann hier sagt, 225 m. starck sein. Die Kayserl. Soldathen in Vngarn aber für Hunger vnd geltmangel fast crepiren. Mann besorget, der Kayser werde bey disem Zustande, wann die Türkensteuer erhoben, ohnvermerkt von hier abreißen. Gott führe alles nach seinem vätterlichen Willen Vnß zur Seeligkeit hinaus. Deß Herrn Hertzog Friederich Augusts zu Sachsen Eisenach Fürstl. Dchl. sind am 19. / 29. Decembr. Abends, den hießigen Hof zu sehen, anhero kommen, mit Dero Hofmeistern von Görtz Vnd Einigen Cavalliern, logiren im Wirthshauß Zu den 3 Hacken. Vorm Burgthor hab ich schon einen Anfang deß Häußer abbrechens gesehen.

Den 25. Decembr. habe mit H. Residenten Schrimpffen den H. Christag, nach dem alten Calender, mit lesung, singen vnd beten celebrirt.

Den 26. Decembr. an Ihre Exc. H. general Baumb: ein neu Jahrswunsch in Spannischer Sprach verfertigt, Vmb die Statt gangen, zu sehen das starke schantzen am wall vnd Stattgraben. Predig geleßen vnd gesungen, alß am 2ten Evangel. Chrystag.

Den 27. Decembr. ist Heil. Drey Königfest celeberirt worden, bin nach gehaltener teutsch- vnd Italianischer Predig beym H. Agenten Lessenichen nebst andern, zu Gast gewcßen.

Den 28. Decembr. Die Landproposition, so heute angesetzt gewesen, ist wegen deß Turkischen Kriegs Vnd geheimer conferentzen verschoben worden. Der Böhmische Cantzler Hr. Graf Nostitz vnd Hr. Graf von Pötting haben, nebst Andern vornehmen Ihre besten mobilia albereit voran von hier hinweg geschickt, auch haben schon der meinste Theil sich zu Linz vnd andern Orten Quartire bestellt.

Den 31. Decembr. bin bey Hof gewcßen. Ihre Kayserl. Mt. gingen in gelbem Band vnd gelben federn Vfm Hut. Hab an meine Eltern nach Giessen geschrieben, Vnd darmit, in Gottes Nahmen dießes 1682te Jahr geendigt, Vnd dem höchsten Gott vor seine vätterliche bißherige Beschützung vnd Beschirmung fußfällig Dank gesagt.
Ihme sey Ehre, Lob, Preyß vnd Dank
en los Siglos de los Siglos. Amen!

Deß H. Teutschmeisters Hochwürden Gnaden werden künfftigen Mittwochen oder Donnerstag von Dero Bedienten alhier erwartet; Wegen Vnterschiedlicher Mordbrenner, so albereits Einige hierumb liegende Dorffschafften aus Anstifftung deß Türckens sollen in Brand gesteckt haben, müssen die Bauren Tags Vnd Nachts wachtieren herumb gehen.

Alß ohnlängst deß H. Margrafen Von Badens Fürstl. Drhl. den bey sich, debaxo su amparo, gehabten Juden Oppenheimer (welcher wegen deß im Reich so viel intercipirten Kayserl. Gelts, Vnd so viel ich vernehme, bey Philipsburg an Frankreich veralienirten, oder verdorbenen Vnd in Rhein geworffenen proviants, alßo auf viel Hundert Tausend Ihrer Kayserl. Mt. Zugefügten Schadens, auch mit interessiret ist), auf Kays. Befehl nicht heraus, Zur inquisition Vnd Bestraffung, geben wollen, So hat vor wenigen Tagen der Vice Hof Cantzler Butzelini (cum consensu dom. Imperatoris) gedachten Juden aus Bemelter Fürstl. Dhl. Behaussung mit gewalt hinwegnehmen Vnd gefänglich einführen lassen; worüber Seine Fürstl. Dhl. sich nicht wenig alteriret haben sollen.

Bey Hof spühret man Zwar vom Einpacken noch nichts, Jedoch Thun die vornehmste Ministri Ihre beste mobilia salviren.

Mit deß H. Grafen von Windischgratz seiner religions: mutation ist es nunmehr so weit kommen, daß Er albereit Mess Zu hören pfleget.

1683.

Dios todo poderoso ayuda a mi en commenzamiento Desto anno hasta al acabo Desto, con gratia divina y Espirtu Santo, para poder efectuar todas mis cosas por Su gloria, alabanza y honor y la mia propria Saluo. Amen!

Den 1. Januarij. In Gottes Nahmen fange ich dießes Jahr an, Gott helffe mirs auch vollenden nach seinem Vätterlichen Wohlgefallen.

Den 2. Januarij. Des H. Teutsch Meisters Fürstl. Gndn. ist hier arrivirt vnd logiren im Teutschen Hauß. Der Hertzog von Croy, ohnerachtet Er grose praetensionen an die Kays. Hoff-Cammer hat, dennoch, wegen deß bekommenen Kays. Rgts. caution a 35 m. Rthlr. stellen.

Den 5. Januar. Bin in der Windhagischen Bibliothec gewesen, welche nach den 3 Facultäten in eine schöne Ordnung in 3 Sählen gebracht worden.

Den 11. / 21. Jan. Deß Herrn Hertzog von Eißenachs Fürstliche Dchl. sind noch hier, Vnd ist dero am Sonntag gehaltenes Panquet in deß Krigs Präsidentens Fürstlichem Palatio sehr Prächtig biß in die Nacht à 3 Vhr mit balleten Vnd Lustigkeiten volnzogen Vnd nunmehr das bouquet dem Graf. Caprara gegeben worden, welcher den Bal Vff instehenden Montag, wie ich vernehme, in deß Graf Montecucoli Behaussung anstellen wirt.

Die freyle Schaffkotzin hat gedtn. Printzen Von Eißenach das Bouquet praesentiret, vnd ist im Tantz dessen Dchl. Königin gewesen. Eß haben sich Bey erwehntem Bal mehr alß 50 Dames, sehr kostbahr mit Dämanten Vnd Edelstein geschmücket, nebst mehreren Cavalliers eingefunden. Von dießer Vornehmen Compagnie haben Bißhero Vnterschiedene sehr schön : Vnd kostbahre schlittenfahren gehalten, die Kayserliche ist heute, weil das Wetter etwas widerumb Vfgangen, aufgeschoben worden, hingegen haben sich deßen die schon Zu solcher Schlittenfahrt praeparirt geweßene Cavalliers (worunter Printz Louis jetz die Farth Vnd nachgehents einen Tanz hält) Zu Nutz gemacht und fahren noch dieße Stunde bey 30 kostbahre Schlitten nach Einander herumb; Die Kayserl. Abreiß wird Immer confirmirt, Vnd sich der effect nunmehr chist ausweißen.

Den 8. Januarij. Eß sind schöne Schlittenfahrten gehalten worden, heut Vormittag haben Ihr Kays. Mt. denen Landständen die Landproposition selbst gethan.

Den 15. Januarij. Heut ist Pauli Bekehrungs Fest celeberirt, nach dem Essen haben deß Kaysers 12 Trompeter beym H. Residenten Schrimpffen vnd mir das neue Jahr auffgeblaßen, hat den gantzen Nachmittag gewehrt, bekamen zu Trinken gnug, vnd noch 6 Rchtlr. Zur Verehrung, müssen es beym H. Residenten alß Chursachsen alle Jahr Thun, weil der Churfürst Reichsmarschall ist, vnd der Trompeter Ihre Freyheiten schützen hilfft.

Den 18. Januarij. Hab heut mit der Hülf Gottes abermahls mein Geburths Jahr angefangen, Gott sey gelobt vor das Zurückgelegte, Vnd helfe Täglich mit seiner Gnade in dem angefangenen alles Zu seinen Ehren, deß Nechsten Nutz, vnd meiner eignen Seeligkeit zu vollenden.

Den 19. Januarij. Heut ist publicè außgeruffen vnd verbotten, daß niemand mehr im schlitten fahren, oder in der Masquerade gehen solle. Ihr. Kays. Mt. haben Ihre Schlittenfahrt auch eingestellet.

Den 21./31. Jan. Des H. Hertzog Friederich Augusts von Eissenach Fürstl. Dchl. haben Bey der Römisch Kays. Mt. Vnter andern auch das Jus primogeniturae urgiret, Vnd wie ich vernehme, wie wohl ohne großes Auffmercken, die confirmationem paternae voluntatis erhalten; wird auff instehenden Mittwochen von hir ab: Vnd wider nach Hauß reysen.

Der hießige Burgermeister hat der sambtlichen Burgerschafft angezeiget, daß ein Jeglicher Burger seinem Gesinde Vnd Gesellen mit Ernst andeute, nicht mehr in die Schwedische Evangelische Predigen Zu gehen, wer dem Zuwider ertappet würde, solte an Guth Vnd Leben gestraft werden, wie dieses der Schwedische Gesande, H. Graf von Ochsenstern aufnehmen wird, lehret die Zeit. Die Tonau Brücken sind vom stark Vfgebrochenen Eiß umbgeworffen, Vnd Indem eben Etliche schwehre Weinfuhren darauf gefahren, mit eingefallen, ein Wagen mit den Pferden Zu Grund gangen, die andere mit denen Leuthen mühsamlich errettet worden.

Der H. Graf von Windischgrätz hat nunmehr abjurationem seiner gehabten guten religion, Vnd professionem der Catholischen gethan, wird heut vber 8 Tage die Vermählung mit der freyl. Von Sarau Volnziehen, seine Verwandte die Freyherr. Von Windischgrätz auch zu Grafen declarirt werden.

Den 23. Januarij ist Mariae Lichtmeß gefeyert, vnd von jedem eine kerzen in die Kirche Zum Einweyhen getragen worden, H. Lt. Vffenbach hat mich per literas gebetten, daß ich Ihme zu seinem opere, das Er de Judicio Supremo Avlico wollte herausgeben lassen, ein Carmen congratulatorium machen möchte, Vnd weilen Er H. Vffenbach in seinem Wappen 6 krebße hat, vnd oben ein eingefaitschtes Kindlein; schickte sich nicht übel in horoscopum ascendentem cancri Domini Autoris si cancri ascendant, puerum reperire licebit, Retroeant, rivus cernet in arte Virum.

Den 24. Januarij. hab heute deß H. Vffenbachs petito willfahrt, vnd In Eil, nechst andern Fürstl. affaires verrichtungen, ein Teutsches carmen verfertigt, so Alludirte Vff sein Wappen, derer 6 Krebßen, Vnd deß offenen Bachß, hab ein lateinischen Brieff mit Spanischen

Sentenzen, so Vff den Bach vnd Krebßen sich gereymet, Ihme zugeschrieben, vnd das geringe Carmen vberschicket.

Den 25. Januarij. Ihre Fürstl. Dchl. Hertzog von Eissenach ist heut ab: vnd nach Anspach gereist.

Den 27. Januarij: meinem Diener Hanß Veit Vogten Vff sein inständiges Ansuchen, dimittiret; vnd einen andern Evangelischen angenommen, Jenen in allem contentiret, daß Er seinen Abschied bekommen, dafür Er fleißigst gedanket.

Den 28. Januarij. heut hat der H. Graf von Windischgrätz seine offentliche Cavalcade nachdem er Catholisch worden, nach Hoff vnd Beylager gehalten, mit der freyl. von Sarau, dererwegen I. K. Mt. auch an der Taffel gesessen, weilen die von Sarau ein Gräffl. Frauenzimmer bey Hoffe geweßen; 24 Cavalliers ritten Vff den schönsten mit Band gebutzten Pferden, der Bräutigam Graf von Windischgrätz hatte Blimmerandfarbe Band am Pferd vnd Kleid, vnd dergleichen Federn Vffm Hute, hat seinen Ritt gehalten, vom Sternbergischen Hauße an durch das Strohgässel, vbern Hof, durchs Paller Thor, vbern Kohlmark nach der Burck zu.

Den 30. Januarij: war die schöne Schlittenfahrt mit Trompeten vnd Heerpaucken gehalten, H. Aveman vnd H. Milagius mit Vnß vber Tisch gespeist. Heut ist Bey denen D. Michaëlern der Heil. Apollonien Zahn denen Leuthen zu küssen gegeben worden, soll denen Catholischen gut vor böse Zähne sein.

Den 1./11. Februar. Alß der Chur Bayrische Courirer am Verwichenen Montag cum ratificatione derer gepflogenen Tractaten hier ariviret, vnd die Auswechßelung gegen Einander geschehen, ist der Chur Bayrische Vice Cantzlar vnd Abgesander mit einem kostbahren Kleinod Vnd Kays. conterfait beschenket worden, darauf am Verflossenen Dinstag von hier abgeraißet.

Den 13. Februarij. heut fält Vff gleicher Erden ein Geistlicher Vor des Schwedischen gesandens Behaussung, vnd fält den Fuß gantz entzwey, ward hernach in Vnser Behaussung zum H. Lomagy mit Jammerlichem Geschrey getragen.

Den 14. Februarij ist Festum St. Matth. celeberirt, alßo kein R. H. Rath gehalten worden; mit dem Spannisch: Vnd Italianischen Sprachmeister in denen 2 Sprachen die Zeit passiret.

Den 17. Februarij. Es ligt der Hof Cantzlar Hoher sehr schwach vnd wachsen die Würme bey noch lebendigem Leibe schon an Ihm, der Balbierer muß sie Ihm vermittels eines gewissen Instruments auß den grummen Händen herausgrablen.

Den 18. Februarij. Heute Zwischen 4 vnd 5 Vhr ist der K. Hof Cantzlar Baron Hoher gestorben, nachdem Er etliche Tage hero nichts mehr hat reden können. Ihre Kays. Mt. sind bey den Ober Jesuitern bey der Comoedi gewesen, hat auch bey Ihnen gespeist.

Den 19. Februarij ist kein Reichs H. Rath sondern Gastereyen hin Vnd wider gehalten worden wegen deß instehenden Faschings. Der Wallische Prediger hat in der Verwittibten Kayserin Capelle wider angefangen Italianisch Zu predigen, bekompt vor dise Predigen 1000 rthlr., heut ist der H. Cantzlar Hoher bey den vntern Jesuitern beygesetzet.

Den 20. vnd 21. Februarij sind die Fastnachtslustigen Tage zwar nicht publicè Vff der Straßen, aber desto ärger mit Tantzen vnd springen in den Häußern gehalten vnd den 21. alß Aschermittwochen dem Pöbl wider Aschen Vffs Haupt vom Pfaffen gestreut worden, welches alle Boßheit wider versöhnen soll, worüber ein Türkischer Gesander Einsmahls gesagt, die Catholischen Christen weren im gantzen Jahr närrisch, Vnd nur an Einem Tag, da Ihnen Asche Vfs Haupt gestreut würde, klug.

Den 25. Februarij. Abends bin ich in der Verwittibten Kayserin Capelle geweßen die Italianische Predig Zu hören.

Auß Comorren kommen klagen, daß, weilen die Donau vnd andere Wasser weit in die Türkey hinein annoch überfroren sind, die Türken Täglich aus Neuhäußel schädliche excursionen verübten, hetten vor etlichen Tagen abermahlen auß dem Capitlischen über die Hundert Menschen weggeführt, Vnd Viele niedergemacht. Vom Obrist Cammerer H. Graf. von Dietrichstein continuirt, daß Er zum Fürsten erhoben werden solle. Mann erwartet nun ehist, wann der rendezvous bey Bruck an der Leuta, deme Ihre Kays. Mt. selbst, wie man sagt, Beywohnen werden, angestellet wird. Ihre Kays. Mt. sind heute gegen 11 Vhr umb die Statt, und Zu denen P. P. Dominicanern, in Begleitung derer Hof Cavalliers Vnd Kaysr. Trabanten Zu Pferd, umb Ihre Andacht daselbst Zu halten, gefahren.

Den 27. Februarij in der Windhagischen Bibliothec den Plutarchium in Spannischer Sprach, wie auch einen köstlichen tractat in fol. absque nomine de Rebus publ. in lingva Hispanica geleßen. Abends in der Verwittibten Kayserin Capelle die köstliche Music vnd Italianische Predig mit H. P. Lochnern vnd H. Brunning gehört.

Den 28. Febr. gegen Abend in der Kays. Capelle abermahls die Italianische Predig gehöret.

Den 1. / 11. Martij. Mann muß sich jetzund alle Wochen Einer Weg Reiße von hier befahren, gestalten bey dem Kayserl. Hofe eine Reiße gar gewiß beschlossen, nur Zeit vnd Orth noch nicht public gemacht, jedoch mittlerweil, wie in gemein gesagt wird, vor den Hochlöbl. Kaysr. R. H. Rath der Orth Everdingen, ohnfern Lintz gegen Welß über, assigniret ist.

Die große Türckische Macht, vnd der davon erschollene rumor, auch Vnterschiedliche Zeitungen veruhrsachen alhier je länger je mehrere Furcht. Die Landleuthe flüchten ihre Besten Sachen albereit herein in die Statt, der H. Reichs Vice Cantzlar Vnd andere Grandi Ministri lassen ihre kostbahrsten Sachen Einpacken, umb es von hier in bessere Securität zu schicken.

Vorgestern hat der Bischoff Collnitz bey des Hof Cantzlars exequien Vfm Hof, dem R. H. Rath von Brünning erzehlet, daß die Türkische Macht dißmahlen, wegen der vielen Asiatischen Völcker, so groß seye, alß sie niemahlen geweßen.

Viele Besorgen, es würde der Türck, bey nun aufgehendem Wetter (Vnd da im gantzen Ungarnland, wegen der scharpffen Vnd durch die Pfaffen noch Täglich continuirenden reformation, keiner mit Ernst der Barbarischen Macht Zu wiederstehen, allem Anzeigen nach, nicht aufsitzen wird) ohnvermerkt vor Wien rucken, den Donaustrohm besetzen, oder Zum Wenigsten durchstraiffen, Plündern vnd rauben, mit Ihrigen flüchtigen Pferden dieße Gegend so unsicher machen, daß viele nicht wissen werden wo auß noch ein. Gott richte alles nach seinem allweißen Willen.

An dem hießigen Canal, wodurch vor 20 Jahren auß dem Arsenal Zwischen dem neuen Thor Vnd rothen Thurn, an der Statt Maur her, die große Schiffe in die Donau sind gebracht worden, wird Täglich, wie ich selbsten etliche Hundert Persohnen daran hab arbeiten sehen, gegraben, dieße Arbeit soll, wie ich vernehme, Einem gewißen Seegräber, umb den canal in kurtzer Zeit auszufertigen, vor 3000 fl. verdingt sein.

Den 2. Martij ist H. Baron Neuhof im Kays. R. H. Rath solenniter introducirt, vnd Ihm alß Reichs Hof Rathen locus assignirt worden.

Den 6. Martij. Bey der Verwittibten Kayserin Hof Predigern in Dero Capell die Wallische Predig vnd Walsche Music gehöret.

Den 8. Martij. heut ist deß Bassa Sohn von Neuhäusel gefangen anhero gebracht vnd vmb Gelt zu schauen gezeigt worden.

Den 9. Martij. Heute ward dies Josephi celeberirt, vnd Ihrer Kays. Mt. bey denen Carmeliterinnen zu den 7 buchern im Closter. Bey Hoffe ist eine kleine Wirthschaft gespilt worden von Joseph vnd Maria vnd denen 12 Aposteln, der Printz vnd Printzessin haben Vffgewartet.

Den 11. Martij. Ihre Kays. Mt. vnd die Kayserin vnd die Printzessin sind, wie ich bey Hof selbst gesehen, mit denen Cavalliers vnd Dames ins Spannische Closter gefahren, Ihre. Mt. hatten schöne gelbe federn Vfm Hut; in der heutigen Wallischen Predig waren Ihre Kays. Mt. gegen Abend in der Kayserin Capelle, da der Joseph dergestalt herausgestrichen war, vnd nennete der P. diese 3 Jesum Mariam Josephum, Sanctissimam Trinitatem, meldete in der gantzen Predig nichts von Gott Vatter, noch von Gott dem H. Geist, sagte, was Joseph bittete, müste alles geschehen quia ipsius rogare, esset imperare. Si Maria precibus coelum et terram non sustinuisset, diu corruissent etc.

Den 12. Martij. Bey R. H. R. war erzehlt, daß H. Hof Cantzlar Hoher bey Lebzeiten Vnter seine Kinder 700/m. fl. getheilt, vnd jetzt noch 1700/m. fl. bahres geldes hinterlassen hette; nachmittag ist im Prater das Fuchsprellen in praesentz deß Kaysers vnd K. Hofstatt gehalten worden.

Den 14. Martij ist früh Morgens der alte Böhmische Canzlar, H. Graf Nostitz, ohnvermerkt alß Er außm Bett Vfgestanden vnd sich anziehen wollen, verstorben.

Den 15. Martij. Der P. Cappuziner lobte der Jfr. Marien Ihre Vorsprechen so sehr in der Italianischen Abend Predig bey Hoff, daß Er sagte, Niemand könnte ohne Ihr Vorsprechen seelig werden.

Den 16. Martij. heute hat mann den Verstorbenen Graf Nostitz, nebst einem castro doloris vnd viel brennenden Wachßlichtern sehen lassen, vnd sind zeither schon über 2000 Messen vor ihn geleßen worden.

Den 20. Martij. Mit Monsr. Plussen bin ich in der Italianischen Predig bey Hoff nella Capella dell' Imperatrice geweßen. Einem vornehmen Cavallier funge hinterwarths von denen kleinen Lichtern, so vff den bänken beym Beten Vnter den Catholischen angesteckt werden, die Parruken gantz angezündet Zu werden, welches einen so starken Gestank veruhrsachte, daß die K. K. Mt. Mt. nicht bleiben kunten, sondern weggehen musten.

Den 21. Martij. Die vornehmsten Edelleuth zu Oedenburg flüchten schon Ihre besten Sachen vor denen Türcken. Der Churbrandenburgische Envoyé H. von Schwerin ist heut von hier ohnverrichteter Dingen abgereißet.

Den 22. Martij. Gestern Mitwochens ist der Chur: Brandenburgische Envoyé H. Baron von Schwerin von hier ab: nach Breslau gereist; Eodem die ein Courrirer aus der Türkey hier ankommen, Brieffe an H. Margrafens Zu Baden Fürstliche Dchl. mitbringend, deßwegen, Ipso hic absente, alßobald nach Raab eilend.

Am verwichenen Dienstag waren Ihre Kays. Mt. zu Laxenburg auf der Jagt, Vnd, alß Sie Abends wiederumb hereinkamen, bey der Verwittibten Kayserin Mt. in dero Capell beym singenden Italianischen oratorio biß nach 9 Vhr.

Gestern sind die Evangelischen Oedenburger alhier ankommen, eifrigst klagend, daß die daselbstige Jesuiten Ihrem Conrectore seinen Sohn, welcher von guten naturalien, mit süßen allechements zu sich ins Closter gebracht, weggenommen, nach Neustatt führen, umb Ihn in der Catholischen religion auferziehen zu lassen, welches plagium Vnd andere religions Truckungen Ehrlichen Evangelischen nicht wenig zu Gemüthe geht.

Deß Königl. Schwedischen Abgesandens H. Grafens von Oechsenstern, bißherig geweßener Evangelischer Prediger ist nach Preßburg vocirt, cessiren alßo deßen Predige hier auch. Die Nieder Vngarn werden, wegen der starcken pressuren, so meistentheils vom H. Collnitz Vnd denen Jesuiten propulluliren und alle auff die religion angesehen sein, Ziemlich schwührig.

Mann erzehlet, daß Einige Kays. Obriste (weilen sie im Februario capitulirt, erst in 5. Monathen zur Lieffrung Ihrer Mannschafft gehalten zu sein, jetzt aber im Aprili alles Volck herbey schaffen solten; hingegen die Soldathen in solcher Geschwindigkeit sobald nicht Zusammen gebracht werden könten, sintemahl sie vor einen Mußqvetierer nur 14 rthlr. bekommen hetten, vnd in Hamburg vor Einen 25 rthlr. geben müssen), Ihre Werbungspatenten wider zurückgegeben vnd renuncijrt hetten.

Das Land Volck Vnd Soldathen continuiren alle Tage mit Embßiger Arbeit an Erweiterung deß Stattgrabens, Fütterung der contrescarpen, Bevestigung der revelin Vndt Brustwehren; Am Canal aber kann weiter nichts, wegen starker Ergießung deß Donauw Flusses, gearbeitet werden.

In allen Vorstätten wird alhir die Trummel noch gerühret. Gott richte alles Zu Einem gedeylichen Zweck.

Den 25. Martij. Die Ober Jesuitern haben Ihre Kirchen gantz schwarz mit Figuren, passionem Christi repraesentantes ausspallirt.

Den 27. Martij. heut hat mann die Jagt- Vnd Raubschiffe Vff der Donau probiret, Vmb mit solchen dem Türcken großen Abbruch thun zu können.

Den 31. Martij. In der Wallischen Predig in der Kayserin Capelle Defendirte der Pater, daß Maria mehr Schmertzen gelitten, alß Christus. Bey denen Augustinern sind bißher alle Sambstag 5. Predigten gehalten worden in der Fasten Zeit, heute waren bey gedtn. August. eine Crone am hohen Altar praesentiret, die ohngefehr von 494 brennenden Lichtern bestunde. Der Kayser Vff der Jagt geweßen.

Den 1. / 11. April. I. K. M. haben heute bey denen Augustinern der Weyhung derer Palmenzweygen auch beygewohnet.

Die in Pohlen geschlossene alliantz macht hier jedermann wieder in Sicherheit leben, wie lange es daueret, lehret die Zeit.

Der Schwedische Envoyé H. Graf von Ochsenstern wird, wie verlautet, in folgender Wochen von hier abreißen. Das Schantzen alhir continuiret nebst dem Werben von früh biß in die Nacht. Vorgestern haben die beede regierende Kays. Mt. Mt. in der Verwittibten Kayserin Mt. Hof Capelle dem Italianischen oratorio, Vnd gestern bey denen P. P. Augustinern denen gewöhnlichen 5. Fasten Predigten, wie ich selbst gesehen, mit sonderlichem contento beygewohnet, bey welchem ersteren eine sehr wohlgesetzte music, Vnd dem Anderen durch Vierhundert Vnd etlich Vnd sechzig klein brennende Lichter eine große Krohne am hohen Altar sehr schön praesentiret ward.

Den 3. April. Ihre Mt. Mt. sind heute gantz schwartz gekleidet, auch schwartze federn Vfm hut gehabt, wegen marter Wochen, sind nach Herinalß gangen.

Den 5. April habe, nach geleßener Predig, an heutigem Catholischen grünen Donnerstag hir zu Wien gesehen, wie I. K. Mt. denen

12. Armen Männern die füße waschen, wie Ihre Mt. die Kayserin denen 12. armen Weibern, Item wie der Bischoff denen 12. armen Männern bey St. Stephan die füße waschen; heute ist Christus am Öhlberg bey St. Stephan praesentirt vnd passions Bildnüssen gezeigt worden an den Altären.

Den 6. April ist früh nach gehaltener Predig die gantze Passion Christi in reymen durch Junge knaben in der St. Stephans Kirchen ordentlich agirt worden, hernacher als Christus vom Creutz abgethan Vmb St. Stephans Kirch getragen, das venerabile sobald darbey geehret, vnd sodann wider in die Kirche vnd ins so genannte H. Grab durch die Pfaffen mit vielen ceremonien gelegt, vnd darauff die Heil. Gräber von den Leuthen, Damesen vnd Cavalliers zu fuß hauffenweiß besucht worden.

Den 7. April eine Teutsche Predig gelesen vnd dem hießigen Gebrauch nach, denen bekannten R. Hof Räthen vnd guten freunden glückliche feyertage gewünscht, vnd sie mir hingegen wider thun lassen. Heute ist der Kayser auch nebst der Kayserin vnd Hoffstatt herumb gangen, die Heil. Gräber Zu beschauen. Dann 4. oder 5. H. gräber beschaut, hat, der Catholischen Meinung nach, völlig Ablaß. Vor wenig Tagen ist der H. grf. von Weilburg hier ankommen, logirt jetzt im guldenen Hirsch, bey dem war der Cantzley Director H. Vigelius. Weil bey den Catholischen Christus jetzt begraben ligt, so wird auch keiner heut noch morgen, usque dum resurrectio facta, communicirt. Gegen Abend ward die ressurrectio bey denen Augustinern, der Kayser, Kayserin, Cavalliers vnd Dames beywohneten, gespielet vnd dabey Mußqueten loßgeschossen, getrompetet, vnd geheerpaucket, vnd das venerabile wider ins häusel gestelt; heute marchirte Printz Louis von Baden Bataglion à 900 Mann durch die Statt.

Den 8. April ist nach dem neuen stylo das II. Osterfest hir celebrirt worden. Ihre K. M. hab ich offentlich mit der Kayserin speisen gesehen, ist heut nach St. Stephan geritten, hat rothe federn auff, vnd in gold gestikte Kleider an, ein weiß Pferd geritten mit köstlichem Sattel.

Den 11. April. von Steur sind auch etliche Schiffe mit Eisernen Kugeln vnd Ketten ankommen, viel Pulver.

Den 12. / 22. April. Hier ist mann der Zeit fast mit nichts mehr alß militarischen affaires beschäffiget, am Verwichenen Oster Montag ist das Dieppentalische Bataglion à 500 köpffe, 5, 6 vnd 7 im

Glied, in praesentz Einiger Kays. Commissariorum, gestellet, 900 artillerie Pferd, vnd 169 artillerie Wagen, Vnd 19. große, kreutzweiß gemachte Anker Zu denen Kriegs Schieffen anhero gebracht worden; obged. Soldathen Zu Fuß sind eodem die außm Tabor in die Vorstätte marchirt, vnd den folgenden Tag die Donau hinunter. Am Oster Dinstag sind 3 Schiffe von Steyr herunter kommen, welche 2000 Eißerne geschlagene Stückkugeln, eine à 12 ℔., so dann etliche Tausend Kettenkugeln gebracht haben, eod. die ist das Scharpffenbergische halbe Regiment à 1020 Mann mit 8 fahnen, darauf das Burgundische rothe Creutz Vndt C. F. Q. waren, durch die Statt marchiret.

Gestern war die artillerie auß dem Tabor herrein Vff den Kays. Burg Platz in folgender Ordnung geführet. Der Statt Obriste H. Graf von Stahrenberg Eylete mit seinen Leuthen Zu Pferd herein, hernach folgeten: *a.*) etliche compagnien von der Statt Soldatesca. *b.*) Der artillerie Obrister. *c.*) Etlich Vnd 50 Köpffe artillerie officirer. *d.*) 9 Glieder Zimmerleuth à 5. Köpffe mit Ihren Beylen. *e.*) 5 Glieder granatirer Vnd 7 Glieder Bergleuthe oder minirer mit Ihren Instrumenten. *f.*) 165. Constable mit ihren Zindruthen. *g.*) 45. Feldoder Regimentstücke, vor Jedem 4 starke Pferde und 2 Reitknechte, mit grauen Kleidern gelb ausgemacht. *h.*) 6 Feurkatzen, oder wie feuermörsel nur etwas länger, mit 8. Pferden bespannt, Vnd 4 reitknechten versehen. *i.*) 11 grose Canonen, für jedem 14 Pferde Vnd 7 Reitknechte. *k.*) Zwey grose Feyermörsel. *l.*) Darauf folgeten die laveten Zu obged. großen stücken nach vnd nach. *m.*) 169. artillerie Wagen. *n.*) Zuletzt folgeten abermahl Soldathen aus hiesiger Statt guarnison, fuhren alle nach einander alßo, daß da die ersten schon im K. Burg Platz stunden, die letztere noch draus im Tabor hielten. Heut ist das Maußfeldische halbe Regiment à 1020 Mann Zu Fuß vorm Burgthor, alß Ihre Kays. Mt. gegen 9 Vhr Vff die Jagt vorbey gefahren, wohl mundirt in grauen Kleidern blau ausgemacht, praesentirt worden.

Der H. Graf Von Windischgrätz hat nun mehro am grünen Donnerstag, seinen Jungen Herrn Vnd Freyle Tochter Bey denen Vntern Jesuiten auch lassen catholisch werden.

Den 14. April. bin mit dem H. Resid. Schrimpff vnd H. Secretair Plussen nach Oedenburg, vmb daselbst zu communiciren, gereißet.

Den 15. vnd 16. April. gebeicht Vnd communiciret im Evangelischen Bethhauß zu oedenburg, Vnd den Montag wider von Oedenburg abgereist. Vnd den

17. Aprilis zu Wien nachmittag wider, Gott sey Dank, gesund ankommen.

Den 20. April. Heute ist das Sternbergische vnd Montecucolische Regiment Vſm Burg Platz vorm Kayserl. Printzen praesentirt worden.

Den 21. April. Heut ist Festum Phil. et Jacobi nach dem Neuen Calender celeberirt worden, nach gelesener Predig hab ich sehen die völlige artillerie zum rendezvous nach Kitzée fahren Vſſ der Achß, vnd zu Wasser. Das Palfische Regiment war Vfm Burg Platz präsentirt. Bey heutigem Durchmarch der Völcker sind 2. Pferd mit Einer kutschen wild worden, haben vber Leuthe gefahren, Ärme zerquetscht, vnd ein schwangeres Weib mit der Deichsel angestoßen, daß sie niedergefallen vnd todt bliben, die Bein entzwey vnd dem K. Stuckgießer die Hand entzwey gefahren. Heut ist der Hertzog von Mörseburg, Von Würtenberg Vnd Sachsen Lauenburg hir ankommen.

Den 22. April. Heut hat der Churfürst von Bayern bey Ihrer Mt. der verwittibten Kayserin gespeist.

Den 23. April. Die Kayserl. Printzessin ist heut nach Laxenburg gefahren, da auch der Churfürst ist; heute sind sehr vil Wagen Zum K. rendezvous gangen nach Kitzée. nachmittag sind die Souchische vnd Würtenbergische Regtr. durch die Statt passiret. Heute bekam ich ein starken Fluß ins Aug, daß ich gar nicht vor die Thür gehn können, hatte sonsten schon alles parat Zum rendezvous Zu reißen, muste alßo hir bleiben.

Den 24. April. Heute haben Ihr. Dchl. Hertzog Christians Zu Mörseburg H. Sohn, H. Augustus, mit Ihrem Secretario H. Trüben mittags bey unß gespeist, I. D. haben m. gdsten. Fürstin gesundheit mir Zugebracht. Hr. Andler führte mich in seinen Zimmern herumb, Zeigte mir seine schöne Bibliothec; besahe seinen Garten, nachmittag bin mit dem H. Resident Schrimpffen nach Weinhauß gefahren.

Den 26. April. Die Menge Volck, so von hier in Vngarn Zum Kays. Rendevous ohnfern Preßburg gereißet, ist kaum Zu beschreiben, es sollen 39.800 Mann seyn. Die Wenigste aber werden, wie ich vernehme, mit Pferd Vnd Wagen, Vmb confusion Zu verhüten, hinzugelassen.

Diejenige große Herren, so noch Vmb die Statt Gärten Vnd Häußer haben, und solche abzureißen hart anzubringen sein, müssen, wie ich vernehme, unter dießelbige minen machen, damit solche im Nothfall in die Lufft gesprengt werden können etc.

Des Hrn. R. H. R. Präsidentens von Schwartzburg Fürstl. gnd. kommen jetzt wenig mehr in R. H. Rath, obs wegen der Ihro nicht conferirten Kays. Obrist Hofmeister Stelle oder sonsten disgusto geschiehet, istud me fallit.

Den 11. May. Ihre Churfl. Dchl. von Bayern sind heut bey Ihrer Mt. der Verwittibten Kayserin zu Gast geweßen.

Den 13. / 23. May. Des H. Printzen Louis von Würtenberg Hochfürstl. Dhl. sind gestern Abend Vff der Donau von Regenspurg herunter alhier glücklich mit wenigen Leuthen ankommen, werden wie ich vernehme, Vnterm H. Obristen Hallenweil in Vngarn commandiren.

Mann erwartet auch derer Beeden regierenden Hertzoglichen Persohnen von Neuburg Hochfürstl. Dbl. Dhl. alhier, Vmb bey Ihr. Mt. der Kayserin Niederkunfft Deren Gegenwart Zu geniesen.

Die Kayserl. regierende Mt. Mt. werden sich wiederumb von Laxenburg anhero, vnd bey instehendem Junio in die neue Favoriten Begeben, bey Hofe will mann noch von keiner würcklichen Abreiße wissen, nichtsdoweniger lassen die meinste hohe K. Ministri absonderlich beym K. Reichs Hof Rathe, mit Ernst einpacken; So lange jedoch die Kayserl. Junge Herrschafft von hier nicht an sichere Orth geschicket wird, so machen Viele den Schluß, daß große Noth noch nicht vorhanden seye, wie wohl darauf nicht Zu bauen, dann, daß die Türken kaum 20 meil von hießiger Statt, vnd dem geschwinden Vnvermutheten straifen, sengen Vnd Brennen ergeben sein, ist mehr alß zu viel bekannt.

Ihre Churfürstl. Dhl. von Bayern sind jetzt hier in der Statt, logiren ohnfern der Kayserl. Burk in dem Gräfl. Kaunitzischen Hauße.

Weilen heute die Creutzwochen anhebt, so sind Ihre Kays. Mt. von Laxenburg herein kommen, Vnd in der procession durch die Statt Vff Gelegten Brettern Zu fuße, nebst Vielen Cavalliers, mitgangen.

Jedermann lebt hier intra spem et metum wegen deß bevorstehenden Türkenkrigs Vnd deßwegen besorgender Außflucht.

Gott richte dießes Vnd deß Römischen Reichs negotia Zu ruhigem Außgang, Eben jetzt wird mir referirt, daß gestern beym Hrn.

Reichs V. Cantzlarn deß H. Churfürsten von Bayern Fstl. Dhl. in Präsentz deß hießigen Bischofs Fürst Emmerichs, auch in die Kayserl. alliance mit Pohlen, Schweden Vnd Holland getretten seye.

Den 13. May. Ihre Kayserl. Mt. sollen dem Churfürsten aus Bayern 6. Pferde vnd eins mit köstlichem Sattel vnd Pistolen, so auff 14.000 Rthlr. geschätzt worden, verehrt haben.

Den 15. May. Ihre Dhl. Hertzog Ludwig von Würtenberg sind heut hier beym H. Resident Schrimpff geweßen, haben sich sehr gnädigst gegen mich erzeigt, lang mit mir geredet, Vnd erzehlt, daß sie vor etwa 8 Wochen Ihre Fürstlich D. m. gdste. Fürstin ohnweit Stuckgart noch gesprochen, Trugen mir auff, Ihre F. D. gantz freundlich derowegen Zu grüsen, haben mir auch I. F. D. Gesundheit Zugebracht, Nahmen Abschied, Vmb Morgen gantz früh zu Wasser nach der Armee Zu reißen, Vmb Ihre Rittmeistercharge vnterm Obristen Halleweil zu exerciren.

Den 16. May kompt Zeitung, daß der R. H. Raths Präsident Fürst von Schwartzenberg Zu Laxenburg jählings Tods Verblichen, ist in der Nacht noch herein gebracht worden, vnd wegen deß grosen schreckens alles in seinem Hauße confus geweßen, deß H. R. H. Raths Brünnings Sohn ist Zu Leipzig durch einen falschen Werber todt geschossen worden.

Den 17. / 27. May. Im übrigen weißet Beyliegend: so genanntes Wiener Blättl. waß alhier neues Zu hören, deme noch zu annectiren, daß, alß gestern früh vor 7 Vhren weyl. Ihre Fürstl. Gnaden von Schwartzenburg S. durch den R. H. Raths Secretarium Menschengern (alß von dessen Leuthen ich heut folgende relation erhalten) im R. H. Rath bestellen lassen, waß vor negotia referirt werden solten, mit Bedeuten, Sie den morgenden Freytag (weilen heute Himmelfarttag celeberirt worden) wiederumb im Rath präsidiren wollten, sind sie hinaus nach Laxenburg gefahren, dem Geheimen Rath bey Ihrer Kayserl. Mt. biß bald 2 Vhr nachmittag beygewohnet, finito consilio intimiori gespeißet, nach gehaltener Taffel mit P. Stettinger, Kayserl. confessionario, in Ihrem Zimmer sich Vnterredet, Endlich ohngefehr angefangen Zu seufzen: O! wie Thut mirs umbs Hertz so weh! sich Vff dero Sessel gesetzet, gefallen, Vnd ohne einzig weiteres Wort zwischen 5 vnd 6 Vhr, Tods verblichen, welcher Plötzlicher Fall, in specie, da nebst Ihrer Fürstl. Gnd. S. in diesem Jahr schon 3 geheime Raths Säulen, alß H. Graf von Lamberg,

Nostitz Vnd Hoher, beneben dem Kayserl. Secretario Högeln, weggenommen sind, Ihre Kayserl. Mt. nicht geringes Nachdenken veruhrsachet, en resgard, daß die älltiste vnd Vmbs Reichwohl experimentirte Kayserl. Ministri nach vnd nach absterben, Veruhrsachets bey Vielen Verschiedene Gedanken, gestern Abend nach 8 Vhren ist der fürstliche Leichnahm von Laxenburg herein gebracht, Vnd heute in dessen Capell sauber angekleydet in castro Doloris liegend gesehen worden.

Von hier gehen Täglich Schiffe mit Bley, Pulver, Hacken, kugeln, munition, Meel, Brod Vnd andern proviant nach Vngarn, sogar daß alle Schiffleuthe manu militari, wann sie schon durch voyageurs gedinget worden, nach Regenspurg oder sonst wohin Zu fahren, weggenommen vnd obiges in Hungarn Zubringen gezwungen werden.

Ihre Churfürstl. Dhl. von Bayern sind vor wenigen Tagen auß dem hießigen Arsenal Vf Einem Galleoten auff der Donau biß nach dem grünen Lusthauß gefahren, Vorgestern im Ballhauß, Kayserl. Schatz Vnd Kunst Cammer, sodann Mittags zu Gundendorff in H. R. V. Cantzlars von Königsegg daselbstigem palatio gewesen, vnd vom H. Obrist Stallmstr. Grafen von Harrach, nomine H. R. Vice Cantzlars (welcher an hitziger Krankheit sehr darnieder lieget) köstlich tractiret, vnd gestern bey H. Margrafens von Baden F. Dhl. in praesentz mehr alß 50 vornehmer Damen, mit einem schönen Ball biß in die Nacht entreteniret worden.

Den 19. May. H. Baron Herwarth ist nach München heute von hir abgereist; gestern soll Grahn belägert vnd das Plokhaus hinweg genommen worden sein.

Den 21., 22., 23. May sind neue vnd andere stücke vor der Statt probirt, vil Pulver vnd Bley in Vngarn geschickt, vnd Täglich Soldathen Vfm Wasser hinunter gebracht worden. Der Churfürst von Bayern ist am Freytag Zu Felßburg von Fürst Carln von Lichtenstein kostlich tracktirt, vnd mit 2 Pferden vnd 6 Jagthunden verehrt worden.

Den 24. May st. v. Mann redet alhir von deß H. Grafen von Windischgrätz Excellenz, daß Er R. H. Raths Präsident werden dörffte. Dieße Woche werden deß weyl. gewesten R. H. Raths Präsidentens Fürstl. Gnad. exequiae bey denen PP. Augustinern celeberiret; Kurtz vor Dero Ableben soll sich bey seinem letzteren Rathsitz noch zugetragen haben, daß, wie mir im geheim referiret worden, Seine Fürstliche Gnaden S. in causa der Königl. Dennemarkischen Vnd Chrfl. Brandenburgischen jetzigen weitsichtigen conjuncturen, ein mit etlichen motiven corroborirtes Votum im geheimen Rath ertheilt, deß H. Bischofs von Wien Fürstl. Gnd. aber demselben è Diametro Zuwider votirt hette, vnd wie Ihre Kays. Mt. die Vota nochmahlen herumbgehen lassen, ein Jeder bey solchem, vnd zwar Hr. Fürst Emmerichs Bischöfl. Gnad. in odium alterius verblieben were, darauf Ihre Fürstl. Gnd. von Schwartzburg finito Consilio, beym Kayserl. Beichtvatter es in terminis licitis erzehlet, vnd sich gewünschet, bald von dieser Welt weggenommen Zu werden, Vnd das etwa bevorstehende Unglück nicht erleben zu müssen etc., nebst dießem hat mann in Dero Cabinet allerhand schöne Todessprüche, so sie selbst aufgezeichnet, liegen gefunden etc., daß alß Seine Fürstl. Gnd. sich Täglich Zum Tod bereitet gehabt.

Vorgestern haben der Königl. Schwedische Vnd Staden-Holländische Abgesanden bey deß H. R. V. Cantzlars Excellz. Geheime conferentz alhier gehalten.

Auß Prag wird mir von sicherer Hand geschrieben, daß in gedachter Königl. Hauptstatt die Studenten, Soldaten vnd Juden Zusammen ein solch rencontre gehabt, daß nebst andern ein Jud Todt verblieben Vnd 10 Juden blessirt worden, auch daß den folgenden Tag drauf, alß 16. hujus st. v. etliche Taussend Studenten wider Zusammen kommen, den Juden viele Häußer ausgeplündert, den Dantelmark gestürmt, einen Rabby, so einen Leichstein von 900 fl. auf sich gehabt, ausgegraben, in der Synagog viele Jüdische Bücher Zerrissen, weggenommen, die Fenster ausgeschlagen vnd etliche 20 Pferd entführt etc.; hierzu soll ein in politischem (?) habit gekleideter Jesuit die Studenten angeführt, auch selbst etliche Pferde weggeleytet haben; welchen Handel zu stillen Bürger Vnd Soldathen In Bereitschafft gebracht worden.

Weilen von denen Kayserlichen nunmehro Grahn belägert wird, so haben Ihre Kayserl. Mt. vier, Vnd Ihre Mt. die regierende Kayserin 2 Messen zur glücklichen Obsiegung zu Laxenburg vorgestern leßen lassen, I. I. Mt. Mt. werden, wie mann sagt, den 16. Juni st. n. herein Vnd in die neue Favoriten ziehen. Gott wende alles zu seeligem Ende.

Den 24. mensis currentis Abends ist Hr. Hertzog Friederichs Augusts Zu Sachsen-Eissenach Fürstl. Durchl. mit 30 Pferden alhier ankommen, einlogirt in den 3 Haken, in Dero Suite Vnd Aufwartung

Hr. Baron von Sparr aus Schweden, heute mit 2 Post Calleschen Zur Kayserl. audientz, so gegen 4 Vhr nachmittag angesetzet, nacher Laxenburg abgereist, darauf Willens, alß volontair in Ungarn zur Kayserl. Armada Zu gehen.

Deß weyland gewesten H. R. H. Rath Präsidentens von Schwartzenberg Fürstl. Gnd. von Donnerstag an biß Sambstag bey unterschiedlichen Altären gehaltene exequiae haben im Meßleßen Vnd einem mit Wappen vnd auf schwartzen Tuch gehefften emblematibus gezierten castro Doloris, so von vielen besuchet, Vnd bey denen P. P. Augustinern gesehen worden, bestanden. — Die baare Verlassenschafft soll, der sage nach, sich, ohne den Geschmuck vnd Guther, auff zwey Millionen erstrecken, davon der Frl. Tochter, alß jetzo Fürstin Von Eggenberg Gnad., 10/m. praelegirt, wegen andern dispositionen zwar ein testament gemacht, aber nicht unterschrieben sein.

Deß Hr. Hertzog Wolfgangs Zu Pfaltz Neuburg Fürstl. Dhl. (so den 6. Juny 1659. dießes Zeitliche erblicket) am 3. Juny st. n. Zu Neustatt an einer hitzigen Krankheit verschieden.

Den 25. May. Obschon die Kays. vor Grahn gangen, so wollen doch die Türcken eher nicht zu agiren anfangen, biß Ihre völlige Zeit zu Ende ist.

Den 26. May hab der hisigen Gewohnheit nach glückseelige Feyertage lassen anwünschen, wie dann mir von andern dergleichen geschehen ist.

Den 28. vnd 29. May habe den heil. Pfingstmontag vnd Dinstag mit betten vnd singen feyerlich gehalten, bey H. Fabricio Zu Gast gessen, vnd mit Ihme nachgehents vor die Statt Vff den Evangelischen Freydhof gefahren, vnd wie die Häuser Vmb vnd Vmb abgebrochen werden, gesehen.

Den 30. Vnd 31. May kompt Zeitung, daß Neuheusel berent vnd die Kayserliche schon in den Vorstätten seyen, der Junge Graff Taxis geblieben, vnd sein nebst noch andern 9 köpfen an Spissen Vff die Mauern gesteket weren.

Den 1. Juny. Die Belägerung vor Neuheusel ist auff Kayserl. Special Befehl gegen 8 Vhr wider aufgehoben, vnd von den Türcken auff die Vnßrige wacker loß geschossen worden.

Den 3./13. Juny. Herrn Hertzog Friederich Augusts Zu Eissenach Hoch Fürstliche Dhl. werden morgen mit 30 Pferden von hier ab: in Vngarn Zur Kayserlichen Armée reißen.

Ihre Römisch Kaysrl. Mt. haben heute der devotion bey der Heyl. Dreyfaltigkeit hier in der Statt beygewohnet, vnd weilen der regierenden Kayserin Mt. solcher Andacht, wegen Unpäßlichkeit, nicht haben können beygethan sein, soupçonniret mann abortum. Alß das Kayßerl. rendezvous gehalten worden, soll, wie deßwegen ein express: getrucktes Italianisches carmen Ihrer Kayserl. Mt. vor wenigen Tagen ist praesentiret worden, sich eine weiße Taube über dero Kayserlichem Haupte fliehend, haben sehen lassen.

Den 4. Juny ist der Hertzog von Eissenach von hier Vff der Donau nach Preßburg zugereist. Denen Oedenburgern ist angedeutet, sich zu proviantiren, dann die Kays. Soldathen würden sich zurückziehen vnd bey Ihnen quartier machen, vnd dises hat Ihnen der Collonitsch 2 mahl lassen ansagen, die von denen Kayserl. zu recogniciren ausgeschickten Vngarn befinden bey der Rückkunfft, daß die Neuheuselische Belagerung Vffgehoben vnd sie von den Türken Vmbringt seyen, wenig haben sich durchgehauen, fast alle sambt der artillerie bliben. Printz Louis von Baden hat Bedenkens getragen sich vom Hertzog von Lothringen commandiren zu lassen.

Den 7. Juny. Heut ist Frohnleichnahms-Tag celebrirt worden, vnd Ihre Kaysr. Mt. mit der procession gangen.

Den 8. vnd 9. Juny kompt allerhand Zeitung vom Türken: Raub, vnd daß 2 Hauptleuthe, so dem Hauptmann Grauß beym Türkischen scharmiziren nicht Zu Hülff kommen wollen, gehenket worden seyen.

Den 10. Juny. Heute ist der procession der Kayser zu Fuß den ganzen Tag durch beywohnend geweßen.

Den 11. 12. vnd 13. Juny sind bißhero Täglich processiones vnd den 13ten die Spannische gehalten worden, dabey die sehr kostbahre Spallier zu sehen geweßen, so wohl bey Hof als bey denen Michaëlern. Mann sagt vom H. Prälaten Pantz, daß Er solle Hofmeister beym Ertz Hertzogl. Printzen werden. Der P. Stettinger aber will einen Jesuiten haben.

Den 14. / 24. Juny. Beede regierende Kayßerl. Mt. Mt. haben sich von Laxenburg wiederumb herrein in dero Residentz Statt erhoben, Vnd annoch bey Zimlich Kayserlichem Wohlßein befinden, sintemahlen Ihre Mt. der Kaysser am verwichenen Sonntag, Mitwochen. Vnd heute denen großen processionen Zu Fuß, Vff Brettern von Kirchen zu Kirchen durch die Statt gehend, in Begleitung aller Vornehmster Herren Vnd Kaißerlicher Ministrorum, in Persohn beygewohnet, Vnd eine brennende Fackel, nebst andern, getragen. Ihre Mt. die regierende Kayßerin ist nur am Mittwochen mit dem Spannischen Umhgang (da die überaus kostbahren Tapezereyen, Vnd mit Gold ausgewürckte Spallier, so nach der Schlacht vor Pavia dem König Francisco in Frankreich abgenommen worden, die Seithen von der Kaiserl. Burgk aus biß in die Michaeler Kirchen, gezieret haben), alß welcher nicht gar Zu weit Vnd lang gewehret, herumb gangen.

Deß H. Hertzogs von Croy Durchl. sind vor wenig Tagen in den Prater Vnd vmb hießige Statt spatzieren geritten, dero 36. Bedienten zu Pferde, alle in rother liberey mit silbernen schnieren gebrämt, nachgefolget, vnd eine leedige Kutsche mit 6. Pferden.

Gestern ist bey deß H. R. V. Cantzlars von Königsegg Exc. in Gegenwarth derer Reichs Hof Räthen von Andler vnd von Brünning etc. wegen jetziger Cöllnischen Troublen eine lange conferentz gehalten worden, der Schluß wird künftig Zu vernehmen stehen.

Das Brod, so bey der Kays. Armée Verspeist, wird Meistentheils hier vnd zu Preßburg gebacken, wie es außm Ofen kompt, Vff Schiff gelegt, daher die Hitze Vnd Feuchte, biß es Vff der Donau an gehörige Orth kompt, vervhrsachet, daß es häuffig schimmelt, Vnd wann es der Soldath genießen soll, beym Aufschneiden den Staub ins Gesicht bekompt, doch Endlich, aus Mangel anderes, essen, in der grosen Hitz das Vngarische Wasser Trinken Vnd alßo erkranken muß, welches mann jetzo durch Zwieback zu ändern vermeinet.

Mann redet Vnd hoffet alhir mit sonderlicher Begierde den Frieden mit der Ottomannischen Porten.

Gott gebe es, so dörffte vielleicht andern das concept verruckt werden.

Heute ist das Johannis feuer in der Statt gemacht worden, da Weibs- vnd Manns Personen übergesprungen.

Den 15. Juny. Heut ist die große procession geweßen, deren Ihre Kayserl. M. beygewohnet.

Den 16. Juny. Heut ist das Edict angeschlagen, daß alle nach der Ordnung, wie vorgeschrieben, solle in das 40. stündige Gebeth zur Kirchen kommen, vnd wegen deß Türkens zu Gott beten. Item sollen sich die Bettler auß der Statt machen, nebst dem Vnnützen Volck.

Den 17. Juny. Der Niederlag ist ebenfallß durch die Regierung anbefohlen worden dem 40stündigen Gebeth beyzuwohnen.

Den 18. Juny. Binn bißhero Unpaß geweßen, aber Gottlob wieder etwas Besser worden, heut kompt Nachricht, daß der Türck Dotis vnd Vesprin eingenommen, heute hat H. Baron Stratemann, alß Hof Cantzlar, das jurament abgelegt.

Den 29. Juny ist Festum Petri et Pauli celebrirt, Predig geleßen, vnd bey den Jesuitern die scharpfe Predig gehört, daß, wie Er der Jesuit Vff der Cantzel offentlich sagte, wann mann die Evangelische oder acatholische, nach seiner Rede, nicht totaliter, wie die Baals Pfaffen im alten testament, ausrotten würde, Vid. 2. Reg. 10, könte der Kayser kein Glück haben.

Den 20. Juny ist der Obristwachtmeister Nitzky in Ketten vnd Eisen gelegt worden, weilen Er etwa waß hartes mag von der Neuheuselischen Beläger: vnd geschwinden aufhebung geredt haben.

Die Türckenglock wird alle Morgen nun vnd Abends von dato an geläutet werden, Da dann ein Jeder, Er sey Vff der straßen oder wo Er wolle, nider Vff die knie fallen vnd andächtig beten soll, heute kommen Vber 20 geflüchtete Wagen aus Vngarn herein, Vnd soll die völlige Türckische Armée ohnweit Raab, vnd die Kayserliche armada an der Rabnitz hinunter stehen.

Die verwittibte Kayserin hat getrieben Vmbs Wegreißen, der Kayser aber hat gesagt: Eß habe keine Noth, das straiffen werde schon Vffhören.

Den 21. Juny. Heute kompt sichere Nachricht, daß Totis, Neutra, Vesprin vnd Papa dem Türken sich ergehen, Vnd derselbe 3mahl stärker seye, alß die Kayserliche Armée.

Den 22. Juny ist Festum visitationis Mariae celeberirt worden. H. Schubart kompt von Oedenburg, will wegen deß betrübten Zustands seine Kinder salviren; heut kompt Zeitung, daß 40/m. Tartarn schon über die Raab herüber wären, Vnd straifften Elendiglich, vnd der Türk seye schon vber den Mörtensberg, bey Hof hat manns aber noch nicht glauben wollen, sondern ist gantz sicher vnd die Cavalliers lustig geweßen, haben sich Vff die schön geputzte soldathen verlassen.

Den 23. Juny kompt nachricht, daß die Tartarn bey Pruck an der leyta senkten vnd brennten, Item der Pudiany sey vom Türken schon würklich weggeschlagen, das gantze Heyböden sey schon weggebrandt, ist etwa 3 meil von hier, dißerwegen ist die verwittibte Kayserin auch noch deß Abends aus der Favoriten herein gereist,

Vnd hab ich selbst gesehen, wie Ihre Kutscher In aller Eil fahren müssen, daß sie die mobilien Eilends in die Statt haben salviren können, diß fahren hat gewährt biß in die Nacht, difses veruhrsachte in der Statt ein grosen lermen, vor den Thoren stunden bey 20. 30. 40 Wägen, die mit Weib vnd Kindern, mobilien Vnd dergleichen sich aus Vngarn in die Statt salvirten, es war bey Hof doch noch kein Anstalt Zum Abreißen gemacht. Die Verwittibte Kayserin hat sonsten den 25. fortgewollt, nun aber will sie den termin nicht erwarten.

Heute ist der Kayser noch zu Petersdorff Vff der Jagt geweßen. Eß sind 2 Courirer Eilends aus Ungarn an Kayser kommen, den mann Vff der Jagt suchen müssen.

Den 24. Juny habe an Ihre Fürstl. Dhl. in Einem Couvert die Zeitung vnd was passirt, geschiket, heute kommen deß H. Sobitschen Kinder von Oedenburg hier an vnd salviren sich wegen der großen Türkengefahr. Wolff sey auch schon abgebrandt, Vnd die Kayserliche Armée zurück biß Kitzée gewichen.

Gestern hab wollen Einige Sachen fortschicken, Eß sind aber alle Landkutscher, Pferde vnd Wägen verarrestirt. Der Türk will rectä Vff die Kayserliche Armée, sie sey wo sie wolle, loßgehen. 3 Courrirer sind heute ins Reich, in Spanien, Vnd nach der Armée Spediret.

Den 25. Juny. Gestern haben am Sontag die leuthe schantzen Vnd Pallisaten setzen müssen. 4 Rathsherrn von Oedenburg sind herkommen, vnd haben dem Kayser die gar grose Gefahr repraesentiret. Der Tekely hat der Statt Oedenburg auch schon patenten zugeschiket, daß sie sich sollte ergeben, oder solte mit schwerd Vnd feur erzwungen werden; heute kommen 50 Wägen jeder mit 6 Ochsen bespant, mit proviant Eilends wider zurück, damit sie nicht in die feindes Hände kämen, solten proviant zur K. Armée bringen.

Von der Neustatt kann schon niemand mehr auß noch ein; heint in der Nacht sind dem Bischoff Emmerich die fenster eingeworffen Vnd geruffen worden, du Sch. du! bist Vhrsach an dem Vnglück!

Heut ist noch Reichs Hof Rath gehalten worden, soll dise Woche continuiren.

Den 26. Juny hab ich an H. Vi. Cantzlar ein Memorial Vmb ein Cantzley Pass gemacht, weil die Türkengefahr je länger je gröser wirt, in der Registratur fängt mann heut auch an die Acten einzupacken, ist heut noch Reichs Hof Rath gehalten worden. Der Graff Palfy hat die Ungarische Cron Zu Preßburg mit Vortheil bekommen, vnd gestern anhero gebracht. Etliche Brenner sind gefangen eingezogen worden.

Ihre Mt. kamen spath von der Jagt Vnd hat wenig gefehlt, daß sie nicht in der Brenner Hände gekommen. Weilen die schlechte Zeitung continuiret, so hab der Fürstin Sachen ich eingepackt.

Heute ist durch den Bischoff allen Nonnen Vnd Pfaffen angedeutet worden, daß sich der meinste Theil Eilends aus der Statt machen solte, haben alßo zu Fuß müssen fort wandern.

Heute ist der Kayserliche Schatz weggeführt, Vnd sehr stark an Pallisaten setzen Vnd schantzen gearbeitet worden.

Den 27. Juny bekam ich den Kayserlichen Cantzley Pasß, heute Vormittag schickte ich, weilen in diser wochen noch solte Reichs Hof Rath gehalten werden, meinen Diner Valentin Nidermayer mit Einigen Fürstlichen Actis Voran, gab ihm 10 fl. zur Reiße nach Regenspurg, welcher glücklich mit H. Pauln fortkommen; heut sind Etliche Reichs Hof Räthe nachmittag Zusammen gefahren, Vnd haben vom Reichs Hof Rathsschließen geredet: ich sahe mich Vmb gelegenheit Vmb, kunte aber Vnmöglich etwas bekommen, wann manns schon doppelt gezahlt hette. Nachmittag gegen 4 Vhr kompt ein Currirer nach dem Andern in die K. Burg, steigen Eilends ab, Vnd lauffen in die Kayserl. Ritterstuben, Endlich kommen 4 Obriste selbst gerannt, alß Montecucoli, Capliers Vnd andere etc. bringen leider! die Post, daß die Tartarn die Kayserl. Armée hetten angegriffen, deß Montecucoli seine Leuthe weren ausgerissen, Vnd die vbrige Reutherey were außm feld geschlagen, die Infanterie aber were von Ihnen sejungirt Vnd stünde in der Insul schütt, Ihre Kayserliche Mt. möchten sich doch Vmb Gottes Willen retiriren, hetten keine Hoffnung, die Infanterie zu sich zu bekommen, das Gewitter hette in die Schiffbrücke geschlagen, Vnd abgebrandt, könnten keine andere Schiffe haben.

Vber diese schlechte Zeitung, so alßobald kundbahr wurde, kompt ein solcher schrecken Vnter die Leuthe in der Statt, daß keiner gewust, ob Er solte einpacken, oder so darvon lauffen, die Rumorknecht lauffen in Vnd vor der Statt herumb, Theils reiten, vnd treiben schiff- Vnd Zimmerleuthe mit gantzer Gewalt Zusammen, Jagen sie in die Schiffe vorm rothen Thurn, Vnd schicken alle schiffe, die sie nur haben können, hinunter zur Schütt zu.

Die Schiffer Vnd Zimmerleuthe wolten es nur ihren Weibern sagen, Vnd nur ihre Röcke anziehen, Eß konnte aber nit sein, musten im Hembd vnd hosen fort, wie sie gestanden vnd gearbeitet, keine stück waren Vfm Wall, keine Soldathen in der Statt, alß die ordinarie guarnison.

Alle Leuthe lauffen in die Burk. Die Hartschierer müsten alle Eilends zu Pferd, in einer halben stund waren alle Kayserl. Wägen, Pferde, Landkutscher, Hartschierer, Vnd Trabanten in der Burg. Da war eingepackt über Halß Vnd kopff, nur in die Truhen hineingeworffen, mitlerweil war geheimer Rath gehalten, der verwittibten Kayserin Leuthe musten auch alle in parat stehen, vnd einpacken, wer sich nur regen kunte; wie ich nun das große Elend mit Traurigem Aug ansahe, Vnd wer kein aigene Pferd hatte, die geringste Gelegenheit nicht bekommen kunte, dann alles muste vor den Kayser Vnd die Kayserin parat stehen, gieng ich dem Burgthor hinaus, da war das Elend noch ärger, da lieffen die guten Leuthe in den Vorstätten, der eine hier der andere dort außm Hauße, hatten Theils kleine Kinder im Arm, Theils Betten, Tücher, Hausrath Vnd damit zur Statt zu, Theils legtens nur bey das Thor, Vnd holten das Vbrige, Vnd lisen jemand darbey wachen, Vmb wo möglich in die Statt zu salviren. Dann das feur Vnd Schweffel roche mann schon Vnd sahe den grosen Dampff am Himmel Vorm Burgthor, mann hats auch schon in der Statt bey der Michaëler Kirch gerochen, die Einen weinten hier, die andern dort. Ach Gott! ach Gott! ich armer Mensch! etc.: es kamen Soldathen Von der Armée, die sagten, daß der feind so nah were, daß er Morgen Abend vor der Statt sein könte etc., Summa es war das höchste Elend.

Dießes Eintragen, flüchten mit Vieh Vnd anderm, hat gewähret von 4 Vhr an biß in die Nacht, mit Jämmerlichem schreyen. Ach ich arme Frau! ach mein armes Kind! ach mein Mann! ach mein Haußrath! Ach! Ach!

Der Obrist Hofmeister Graf von Zinzendorff fuhr Eilends Zum Margrafen von Baden; alß nun diß Elend so wehrete, läßt der Kayser den Burgermeister zu sich fordern Vnd befiehlt ihm 2mahl mit weinenden Augen bey gegenwertigem Zustande zu aller Treu an, die Statt Vnd Burgerschafft bey aller Treu zu erhalten, Eylet darauf gegen 8 Vhr Abends mit der Kayserin, Printzen Vnd Printzessinnen herunter, setzen sich mit betrübtem Gemüthe in Wagen

Vnd fahren durch das Jammernde, Vnd bey deß Kaysers Flucht noch mehr schreyende Volck durch, alß die Leuthe gar zu starck geruffen Vnd Zugetrungen, Ach Ihre Mt. Bleiben doch hir, Ach Ihre Mt. Verlassen Vnß doch nicht! wollen die Trabanten solche wegjagen, der Kayser aber rufft mit gelinden Worten dem Wagen heraus: Ach! laß die armen Leuthe gehen, worüber fast kein Mensch gewesen, ders gehört Vnd gesehen, dem die Augen nicht sind naß worden, wie Ihre Kayserl. Mt. vorm Burgthor hinaus sind, müssen die Pferde lauffen, wie sie nur können, Vnd die Hartschierer Vnd Etliche Cammerherrn nach biß nach Closter Neuburg, wie der Kayser hinaus, da gings Elend recht an, die Verwittibte Kayserin folgte Eilends nach, die Cammerfreyle Vnd Hof Dames wie sie gangen Vnd standen nur auff die Wägen gestiegen Vnd gesprungen, Vnd mit darvon geeilet, Summa wer sich nur hat anhenken können an ein Wagen, hats gethan.

Die Kayserlichen Zimmer Vnd beym Frauenzimmer ist alles offen stehen blieben, hierauff folgten nun alle Cavalliers, nahmen in Ihren Wägen mit, was sie in der Eil erhaschen können, wer nur Pferd hatte, flüchtete fort, welches dem Thor hinaus gewehrt die gantze Nacht durch, dann der rothe Thurn die gantze Nacht durch offen bliben. Jedermann suchte nur sein Leben zu salviren Vnd ließ alles im stich, weilen der schrecken gar zu groß, es kamen vnd stunden Zerhauene vnd Verwundene Soldathen vorm Thor, sagten, die Tartarn könnten Morgen völlig hir vor der Statt sein. Viele Kauffleuthe, frembde passagirer, Handwerkskerle Vnd studenten lieffen häuffig dem Thor hinaus, Theils mit flinden, Theils ein stecken oder Degen in der Hand, ließen rantzen, felleisen Vnd alles im stich, wie nun dießes Elende flüchten die gantze Nacht durch vor meinem quartier her wehrete, Vnd ich keine Gelegenheit habe, auch der Fürstin Ybrige Acten vnd Sachen nicht zurück lassen kunte, resolvirte ich mich den folgenden Tag früh ein Par Träger Zu bekommen, meine Sachen ein Paar Meilen Tragen zu lassen Vnd auch zu fuß fort zu gehen. In dieser gantzen Nacht ist wohl kein Hauß gewesen, da nicht Lichter gebrandt, Vnd da man nicht geklopt, abgemacht, eingepackt, Zugeschlagen, in Gewölber geschlept Vnd Elendige tragoedi gesehen, Mann hat auch vor großem schrecken nit schlaffen können. Absonderlich daß die Tartarn gar zu abscheulich mit den leuthen Vmbgangen, den kleinen Kindern die Augen ausgestochen, Vnd im Blut

liegen lassen, den Weibsleuthen durch die Brüste löcher Vnd den
Mannspersonen in die Ohren löcher gestochen, an Einander gekoppelt, Vnd in die Ewige Dinstbarkeit, wann sie es ja biß dahin haben
ausstehen können, geführet.

Dißes vnd andere grausame tyrannisirung haben bey allen den
schrecken gemehret. Das heißt: reformiren! drumb bleibt wahr, daß
Gott allein sich 3 Sachen habe vorbehalten: auß nichts etwas Zu
schaffen, 2.) Zukünfftige Dinge Zu wissen, 3.) vber die Gewissen zu Herrschen.

Omnis igitur homo, qui conscientijs dominari cupit, is capitolium
Dei invadit, et saepe eam, quam in terris habet, potestatem amittit.

Den 28. Juny. Dieße gantze Nacht durch nicht geschlaffen, sondern nur das nöthigste eingepackt, vnd das übrige, das man Zurück
lassen müssen, mit traurigen letzten Augen angesehen. Hab in Eil
an Ihre Fürstl. Durchl. in dem 169. Berichtschreiben, die geschwinde
Abreiß Vnd den Traurigen Zustand aus Wien Vff die Post beschrieben.

Heut früh lag der gantze Burg Platz voller Leuthe, welche aus
den Vorstätten geflüchtet Vnd mit Ihren Kindern vnd Haußrath dahin
gangen waren. Die Infanterie ist, Gott Lob, heute aus der Insul
Schütt errettet.

Dießen Morgen hielten vorm Karner Thor (dann alle die andern
Thor blieben heut zu) stunden Soldathen, denen Theils die Naßen,
Ohren, stück vom Kopff, Hand, Arm, Leib, Bein, oder dergleichen
mit den Säbeln gehauen war, welches je länger, je ärgerlicher ware,
ließ alßo mein mehrstes Zurück bey dem gegenwertigen großen
Elend, Vnd weilen der H. Resident mit seinem aignen Wagen vnd
Pferden, Kind vnd Weib heute wegreiste, bathe ich, daß weilen Eß
der Fürstin Sachen weren, Er solche Vffladen lassen möchte, welches Er endlich auch gethan, hab alßo das vbrige alle dort gelassen
zu Wien in der rapuß, Vnd bin Zu fuß der Statt hinaus gangen, wiewohl es sehr schwehr gehalten, dann am Thor wir Zusammen halten
haben müssen, wegen der gar zu großen Menge Leuthe, die das
Ihrige flüchteten. Vnter wegens habe ich jedoch Gott Lob fuhren
Vnd gelegenheiten, wiewohl nicht nach Wunsch, sondern nach Noth
in der grösten Trübsahl angetroffen, es hat aber alles leider! mit
geld überwogen werden müssen.

Da ists wohl geweßen: afflictis addenda afflictio, ne ulla calamitas sit sola. Bin jetzt hier 2 Meilen von Wien.

Den 29. Juny. Bin weiter mit dem H. Residenten fortmarchirt, Vnd Vnterwegs gelegenheiten angetroffen, wiewohl sehr klein Vnd theur, dann der Kayser alle Pferde Vnd fuhren kurtz Vorhero wegnehmen lassen. Mittags prandirten wir zu Pörßling, wo die 3te Post ist; auff dießem Wege musten wir denen Zusammen rottirten bauren spendiren; in dißer Gegend waren auch die 7 Jesuiter von den Bauern so Jammerlich Zugerichtet, daß Etliche davon alßbald blieben, die andere kaum davon kommen können, die Bauren haben Immer druff geschlagen, Vnd gesagt: Ihr schelmen seid Vhrsach an all Vnserm Vnglück. Vnter wegens hat Ihnen kein Wirth was zu essen, noch zu trinken geben wollen: sagend: Ihr Schelmen hättet sollen das reformiren bleiben lassen, oder jetzt in Wien geblieben sein, Vnd Mußqveten Vfn Achsel genommen Vnd die Statt Defendirt haben.

Wegen solcher gefahr Vor den Bauren haben sich die meiste Geistliche in Civilhabiten verkleydet, Vmb do eher durchkommen zu können, Dann der Pövel recht schwührig worden ist. Abends sind wir kommen zusammen biß St. Pölten.

Den 30. Juny ist H. Resident Schrimpff hier abgereist, Vnd ich bin hier verblieben, Vff die Post wartend, weil Vnmöglich Vnter wegens Gelegenheit zu bekommen war, alß Ihre Kayserliche Mt. auß Wien gereist, seind auch den Tag drauff alle die Bauren mit ihren Rantzen vom Schantzen fort: Vnd zu den Ihrigen geloffen, darauf die Burgerschafft dran gemust, Vnd hat der Burgermeister Zum schantzen den Anfang gemacht. Abends gegen 9 Vhr hab ich mit vielem Bitten Vnd Spendiren 2 Post Pferde bekommen, habe 1½ Posten biß nach Melk zahlen müssen, hier zu Melk in der Nacht vmb 12 Vhr kam ich an, Vnd waren eben Ihre Kayserliche Mt. alda, welche befohlen, nach Mitternacht keinem, Er sey auch wer er wolle, Post Pferde zu geben, weil ich aber eben noch mit meiner Post zu rechter Zeit kam, stunden die Pferde noch offen vor mich, in hoc loco war alles so voller Leuthe, daß kein Mensch mehr hat Vnter kommen können, die meinsten stunden Vnterm freyen Himmel, lagen neben ihren Pferden vnd Wagen Vff der straßen.

Ihre Mt. die Verwittibte Kayserin sind zu Amstetten gelegen. Ihre Mt. haben zu Closter Neuburg in der ersten Nacht nicht geschlaffen, dann kein Bett haben sie mitgenommen, Ihre Mt. haben müssen Vff matratzen ligen, haben jedoch nicht geschlaffen, sondern wie Zeitung kompt, daß in der nähe auch Feur gesehen worden, ohnfern Neuburg, sein Ihre Kayserliche Mt. noch in der Nacht Vmb 3 Vhr Vffgebrochen, vnd Vff Stokerau gen Grembß geeilet. Gott sey Lob Vnd Dank, der mich auch diesen Monath auß der grausamen tyrannen hand errettet hat; Er helfe in Gnaden weiter!

Den 1. July: bin ich in der Nacht nach 12 Vhr auß dem Closter Melck, da Ihre Kayserliche Mt. mit der gantzen Hoffstatt pernoctirten, mit 2 Post Pferden biß nach Kemmelbach 1½ Post gangen, ferner biß nach Amstetten, wo Ihre Mt. die Verwittibte Kayserin pernoctirten, weiter biß nach Strengberg 1. Post, alwo es voller geflüchteter Wägen ware, 3 Reuther griffen mich Vnter wegens heute an, muste ihnen 1 rthlr. Reuther Zehrung geben, Vmb sicher Vnd friedlich von Ihnen zu kommen, ferner bin ich von Strengberg noch 1 Post biß nach Enß gereist, hier aber habe ich gewartet biß H. Resident Schrimpff ankommen ist, Vmb meine pasage von seinem Wagen Zu bekommen, es war alles voll von der Verwittibten Kayserin Hofstatt, vnd auch von deß Kaysers Leuthen vnd Soldathen; — — kam Endlich noch beym Italianer, gegen der Post über, Vnter.

Die Jesuiter sind Vnter wegens sehr geängstigt worden, Vnd hat man keinem zu Essen oder zu Trinken geben wollen, sondern zu Ihnen gesagt: Weilen sie an diesem Jammer Vhrsach weren, sollte mann sie zum Wachten Vnd schantzen in Wien behalten haben: Von denen Zerschlagenen Jesuiten ist Einer Vfm Weg Zu mir kommen, welcher geklagt, wie ärgerlich die Bauren mit Ihnen gehaußet hetten.

Den 2. July haben Ihre Mt. die Verwittibte Kayserin zu Enß Mittag gehalten, sind wider fort nach St. Florian gereist, Vnd Ihre Kayserl. Mt. der Kayser vnd Kayserin mit Kayserlichen Printzen sind gegen Abend in Enß kommen ohne Eintzigen freudenschuß oder Lust, gantz traurig vnd still.

Der Frantzöische Envoyé, Nuncius Apostolicus, venetian. vnd Spannisch. Pottschaffter sind auch ankommen, der gemeine Mann ist gantz schwührig, daß Er so viel Zum Türkenkrieg hat hergeben Vnd jetz doch von Hauß vnd Hoff müssen, die Bauren haben sich alle mit dem Ihrigen in Wald retirirt, ihr Vieh dahin getrieben Vnd etwas Leibs Nahrung, die Früchte Vffm land stehn lassen, nichts geschnitten, nichts gebaut. Dahero eine Theurung nothwendig entstehen muß.

Den 3. July: hab das Schloß gesehen, worin der Kayser pernoctiret, haben alle Vff matratzen geschlaffen die Kayserliche Mt. Mt., das Frauenzimmer Vnd Dames aber Vff Stroh, dann keine better haben sie in Eil mit nehmen können, vnd erzehlte mir der Haußmeister, daß die Dames so sehr lamentirt, daß sie kein Weiß Zeuch, oder nichts haben mit nehmen können.

Vnter wegens kam mir die Post: daß die Schwechet, Vischet, Laxenburg, Ebersdorff, Hoking, Weinhauß, Wampersdorff, Wimpassing, en Somme alle Dörffer Vnd Örther Vmb Wien herumb abgebrand seyen. Die Vnterthanen Vnd Soldathen haben angefangen zu schantzen vor Enß; heute ist der Kayser widerumb ab: Vnd nach Linß gereist, in der Stille.

Den 4. July: habe nach gelegenheit geschaut Vmb auch weiter fortkommen Zu können, aber nichts antreffen können, hab Vff die Vmbligende Dörffer geschiket, heut nachmittag entstehet der große Lermen, daß die Tartarn biß nach Melk straiffeten Vnd hetten St. Pölten abgebrandt, deßwegen Ihre Kayserl. Mt. Eilends früh in der Dämmerung weg Vnd weiter geeilet, über disen Schrecken kompt die Burgerschafft in allarm.

Die Thore werden geschlossen, Vnd die Stücke Vffgeführt, Wer nun hat fortkommen können, der hat wider weg dem Thor hinaus geeilet, Vnd dise Furcht hat der Kayser darumb gemehrt, weil Er so geschwind geflohen von Linß.

Den 5. July. habe ich beym H. Residenten Schrimpffen Richtigkeit wegen deß rükständigen Kostgelts gemacht, auch die Vbrige schuld abbezahlet, bey Einem bauren zu Lohr Vnd Enßdorff zwar ein Wagen Vff Morgen bestelt gehabt, weilen ich aber ohngefehr einen sitz Vff einer Landkutschen heute transeundo noch bekommen, machte ich mich Vf solcher mit fort, Vnd kam Abends biß nach Lintz, da war die Trumel gerührt, die Bürger Zusammen vorm Rathauß mit Ihrem Gewöhr, Vnd war Ihnen angedeutet, daß der 4te Theil Morgen früh nach Enß, daselbst schantzen vnd den pass defendiren helffen solte, welches alles das geschwinde forteilen in der Nacht vervhrsacht hat, logirte Nachts bey Monsieur Schardan.

Viele von den reichsten Bürgern flüchteten Ihre Sachen nach Passau. Der Kayser ist nach Welß geeylet.

Den 6. July: bin auff Einem Schiff nachmittags aus Lintz gereist, Vnter wegens brache Zwar im fall, wo der gefährliche steinichte Orth ist, das Sail, woran die Pferde das Schiff zogen, Vnd Trieb der Strohm das Schiff zurück, daß wo der Eine schiffmann nicht in die

Donau gesprungen Vnd das stück Sail geschwind ertapt hette, das Schiff an die klippen hette stossen, Vnd mit allem zu Grund gehen müssen, wir sprungen alle aus Vnd halffen mit göttlicher Hülff dem Schiffe wider an sichern Orth, sind Abends an einer Aue gegen Eferding vber gelegen.

Den 7. July sind wir in Gottes Nahmen fort Vff der Donau gefahren, bey Ascha vorbey, da der Kayser gestern im Mauthauß pernoctirt, blieben Abends wider am Vffer im Schiff gegen Rona vber liegen.

Den 8. July: bey Engelzell, da der Kayser heint pernoctirt, vorbey vnd Abends nach Passau kommen, alda Ihre Kayserliche Mt. Sambstags Mittags arrivirt, logiren im Bischofhoff, der Bischoff hält Ihre Kayserl. Mt. frey. Ihre Mt. die Verwittibte Kayserin ist ins Tyrolische nach Salzburg.

Deß H. Graffen von Kynburgs Secretarius, der eben auß Böhmen kam, sagte mir, daß auff allen Dörffern in Böhmen die Flucht auch angienge Vnd salvirten sich nach Prag. hab Ihre Mt. in der Vesper in der St. Pauli Kirch gesehen, bey der Music, sie sahen gantz ungewöhnlich Traurig aus.

Den 9. July: kompt H. Graf Taff, alß Courirer von Wien, bringt mit, daß Wien von den Türcken würklich belagert seye, Die Türcken hetten schon 3 Batterien Vffgerichtet, Vnd Beschießeten es starck.

Die Schotten-Kirch Vnd häuser Vff den Hof zu, Vnd die herrngaß hinauf seyen durch Etliche Mordbrenner abgebrand, deren Einer ein Frantzoß lebendig geschunden, der andere ein Vngar gespisset worden. Der Türck seye würklich mit 182 m. Mann vor Wien. Der Groß Vezier habe sein Zelt im neugebäu, die Löwen, Tygerthier, Luchsen, Bähren etc. habe Er zu sich genommen. Der Nürnberger bott ist außen blieben. H. Andlers neuer Bau ist gantz abgebrandt, samt der Bibliothec, Tapezerey etc. auch Einige Acten so Er bey sich behalten, Vnd nicht in die registratur gegeben.

Bin mit dem Nürnberger botten, H. Steegern von Passau aus Regenspurg Zu gereist; erstlich Vf der Donau biß nach Vilßhofen, daselbst nahm Er ein Callesch, Abends gegen 10 Vhr Zu Plötling, wo die Iser vorbey fliest, ankommen.

Den 10. July auff Straubing Zu gereist, daselbst waren die Bayrischen Völker mehrentheils schon bey Einander, 6000 Mann zu Fuß Vnd 4000 Mann zu Pferd, regnete sehr starck, kame Nachmittags gegen 4 Vhr in Regenspurg an, dankte Gott daß Er mir biß anhero glücklich Vnd gesund geholffen, logirte mich in die Guldene Sonne ohnfern deß guldenen Adlers.

H. Syndicus Wild hat zwar sich nach Passau begeben, Vmb Zu vernehmen, ob Ihre Kayserliche Mt. Würden nacher Regenspurg kommen, hat aber nichts gewisses erfahren können, alß nur, daß der Kayserliche Schatz solte dahin kommen, Vnd würde der Kayser villeicht nur durch Vnd Vff Prag reißen.

Den 11. July. Die Statt Regenspurg wird in 8 Theil, oder vielmehr die Burgerschafft in 8 Wachten ausgetheilt, alß: 1.) Osterwacht. 2.) Pauliner Wacht. 3.) Schererwacht. 4.) Donauwacht. 5.) Wallerwacht. 6.) Westerwacht. 7.) Wittenbergerwacht. 8.) Witwanger Wacht. Die Thore heißen: 1.) Das Osterthor. 2.) Bey St. Peters Thor. 3.) Das Jacober Thor. 4.) Das Weinthor. 5.) Beym neuen Thörle. Ein jedweder Wacht hat eine schuhl, alßo 8 schulen, darin die Kinder Vmbsonst lesen Vnd das A. B. C lernen, 3 schreib schuhlen, 6 Cammerer, alß dißmahlen: H. Adler, H. Grünewald, 3.) H. Scharer, 4.) H. Wild, 5.) H. Prasch, 6.) H. Kerscher. 5 offentliche Brunnen.

1 Haußgraf, deme die Zünfften Vnterworffen, 10 Raths Herrn, 2 Ballhäuser, 1 Reitschuhl. Clöster alß: 1.) bey St. Emeran. 2.) Jacobiner oder Schotten Closter. 3.) Dominicaner. 4.) Jesuiter. 5.) Franciscaner. 6.) Capuciner. 7.) Carmeliter. 8.) Augustiner. 9.) Ober: Vnd Nider Münster. 10.) Bey St. Clara. Vnd beym Heil. Creutz. 3 Evangelische Kirchen. alß: 1.) Die neue Pfarr. 2.) Die neue Kirche. 3.) Bey St. Oßwald. Die gantze Burgerschafft ist Evangelisch, außer Etlichen neu einkommenen Catholischen Bürger.

Den 12. July. Bin beym Herrn Reichs Hof Rath Portner geweßen biß bald 12 Vhr; sagte: Daß Er nit glaubte, daß der Kayser herkommen würde, dann Er sich vor allen ständen fast scheuen würde, Indem man vermeinte Bey Hoff, Mann seye Orient Vnd Occident gewachsen genug. Besorgte daß in Böhmen auch ein Vffstand sich eraignen möchte. heute sind 1000 Mann Bayrische Völcker hir durchgezogen, welche der Statthauptmann führte biß in obern Wehrt.

Den 13. July. heute ist die Wienerische Post zum zweytenmahl außblieben. Bey St. Oßwald in der Predig gewesen, da der Geistliche die Buß Predigten angefangen. Der Türck soll vor Wien sein Lager vom Neugebäud an biß nach Nußdorff haben, waß Er auf wirfft, schießt General Stahrenberg wider nieder. Canonirt wacker heraus. Bin mit H. Kochen nach Straubing Zu gereist Vmb daselbst rechte kundschafft einzuziehen, ob? vnd wann? vnd wohin? der Kayserliche Reichs Hof Rath verlegt werden würde? Zugleich auch das rendezvous der Bayrischen Völker Zu sehen. Abends Zu Pfader pernoctiret.

Den 14. July. Zu Straubing ankommen, welche Statt voller Soldathen war, in blau vnd gelb vnd grauen habiten. Wann der Kayser nach Regenspurg Vfbrechen würde, so seye der Reichs Hof Rath nach Straubing zu verlegen schon angeordnet. Die fuß Völker campirten mehrentheils, Vnd wie ich vernahm, 4000 Mann an der Zahl Vff der Insul an der Donau, gegen der alten Statt über, hatten Paracken Vnd Zelten Vfgeschlagen, war frisch volck, aber viel Junge Officirer darbey.

Der Kayser seye krank kam Zeitung; Vnter den Bayrischen Völkern sagten sie, daß der Türck schon etliche stürme vor Wien gethan hette, sie wollten warten, biß Er noch Einen gewagt, die rendevous sollen bey instehender Wochen seyn, reisten heute wider zurück. Der Chur Fürst ist incognitus vnd gantz geheim in der Statt gewest, vnd die Soldathen Vnvermerkt hir vnd da gesehen, Abends kommen biß nach Pfaden.

Den 15. July: Bin ich Vormittag wider in Regenspurg ankommen, habe in der neuen Pfarr der Sontags-Andacht beygewohnt, mich zum H. Agent Kochen in die Kost begeben. Den H. Resident Schrimpffen besucht Vnd seine Bibliothec gesehen. Erzehlte, daß der Türck die Statt Wien an 3 Orthen angrieffe, seye schon würklich in der Leopold Statt einquartirt, Viele Stände Vermerkten ungern, daß der Kayser den Türkenkrieg nicht Zeitlich notificiret hette.

Den 16. July: Der Ständen Abgesandte sind heute Vfm Rathhauß assemblirt Vnd über deß Frantzöischen Gesandens proposition Beschäfftigt geweßen. Der Serini sitzt zu Passau gefangen, soll nach Lintz gebracht werden, hat den Kayserlichen Schatz verrathen, Vnd die Tartarn angewießen; hab Vfm Rathhauß den re- vnd Correlation Saal, wie auch derer Ständen Zimmer mir zeigen lassen.

Den 17. July: habe Predig in der neuen Pfarr gehört, die Regenspurger Soldathen sind am Vntern Wörth ins Schiff gesessen, vnd auf der Donau nach Wien Zu gereist.

Der Türck soll im ersten Sturm vor Wien 6000 Mann verlohren Vnd jetzt 3 Tage stillstand gebetten haben, Vmb die vile Todten begraben Zu können, aber der Commendant H. Graf von Stahrenberg hats nicht eingangen, sondern mitlerweil alle seine batterien niedergeschossen; Vnd in der Statt in der Burgk vnd am rothen thurn neue Batterien gegen den feind aufrichten lassen.

Den 18. Juny: an H. Agent Leutnern vnd H. Fabricium nach Passau vnd Scharding geschrieben, vmb mich zu erkundigen, wann Vnd wo der Reichs Hof Rath angesetzt werden möchte.

Den 20. July kompt Zeitung, daß, Weilen das Montecucolische Regiment ohne wichtige Vhrsach ist durchgangen, sollen alle Cornet, Vnd jedesmahl der 10te Soldath gehenkt werden, welches die Soldathen gemerket, Vnd viele zu den Tartarn übergangen.

Den 21. July. In Regenspurg wird stark vom Rath wider geworben, Zu Wasser Pulver Vnd Kugeln hinunter geschiket.

Den 22. July: ist H. Graf Zeil von Ulm hier ankommen, bringt mit, daß der Schwabische Creiß wolle 5000 Vnd der Frankische 10.000 Mann dem Kayser Zu Hülfe geben. In der neuen Kirchen vor vndt nachmittag dem Gottesdinst beygewohnet; Beym H. Residenten Schrimpff in seiner Bibliothec geweßen.

Den 23. July: an meinem Diario vnd Acten gearbeitet, Vmb sie in Ordnung zu bringen. Heute sind 1000 Mann vom leßlischen Regiment aus Ingolstatt Uff der Donau herab Vnd durch die Statt nach Passau vnd weiter fortgereist.

Deß Chur Fürsten aus Bayern Völker sollen wider zurück gangen, vnd Seine Chur Fürstliche Durchl. zu Passau bey Ihrer Kayserlichen Mt. sein.

Den 24. July: hab aus Russelsheim ein Fürstlich Rescript erhalten, worinnen meine Rückreiß anbefohlen, hab auch von H. Leutnern auß Passau antwort Vnd Nachricht bekommen, daß der Reichs Hof Rath zwar nach Scharrding verlegt, wann aber angefangen werden solle, wüste noch niemand.

Die Abgesandten kommen hier ordinariè zusammen auf den Montag, Mitwochen, Freytag Vnd Sambstag.

Den 25. vnd 26. July: an meinem Diario gearbeitet, Vnd an denen Acten, auch 1½ Bogen Zeitungen aus Passau, Prag Vnd Wien nach Darmstatt geschickel.

Den 27. July: hab Conrad Vogeln Landkutschern zu Regenspurg Endlich biß nach Frankfurth gedienget, Vmb vbermorgen in Gottes Nahmen nachmittag fortzureißen, hab dießes Diarium compliret.

Den 28. July: hab die Acten Vnd anderes Eingepackt, an gehörigen Orthen Abschied genommen, Vnd mich zur Reiße präpariret vnd alles contentirt.

Den 29. July: Beym H. Residenten Schrimpffen Mittags gespeist, Abschied genommen, Vnd nach gehörten Predigten, aus Regenspurg, mit obgedachtem Landkutscher abgereißet, zu Hemmau 3 Meil von Regenspurg, ist Neuburgisch, im guldenen Hirschen pernoctiret.

Den 30. July: hab ich Mittags zu Theining eingekehret in der guldenen Ganß bey Georg Billern, sind 4 Meil von Hemmau. Abends bin ich biß Poßbaur kommen 3 Meil von Theining, Bey Hanß Kraußen Zum Rappen pernoctiret.

Den 31. July: bin ich nach Nürnberg kommen, in der guldenen Ganß eingekehret, Vnd denselben Nachmittag, wegen deß Marches derer Craiß Völcker, daselbst verharret. Denen vor Nürnberg gemusterten Völckern haben Beygewohnet, Printz Philip von Sultzbach, H. Graf von Hoheloh, H. Margraf von Bayreuth, Vnd H. Margraff von Anspach.

Habe zu Nürnberg pernoctiret Vnd Gott gedankt, Vor Erlebung dießes Monaths, Vnd bißherige gnädigste Erhaltung: Vnd Beschützung auf der Reiße; Er helffe in Vätterlichen Gnaden weiter. Amen.

Mon commencement soit avec Dieu.

Den 1. Augusti, fange ich in Gottes Nahmen die Reiße von Nürnberg wider an, habe zu Langentzen im rothen Rößel prandirt, alwo der H. Graf von Erbach auf der post auch ankam, vnd von der Kayserlichen Armée mitbrachte, auch mir erzehlete, daß es Vmb Wien schlecht stünde, maßen die Türcken wiederumb 50,000 Mann Succurs Vnd die große Stücke bekommen hetten, dörfften wohl mit Ernst drauff loß gehen.

Deß Abends habe zu Mahlheim, ist lutherisch, Vnd gehört nach Bayreuth, 3 Meil von Langentzen, pernoctiret.

Den 2. Augusti: Bin ich Mittags zu Geckheim, ist Lutherisch vnd Anspachisch, durch Windsheim ankommen, Vnd Abends zu Sümmeringen pernoctiret

Den 3. Augusti: Bin ich von Sümmering über den Fluß Dauber gereist, Vnd Mittags biß nach Bischofsheim, eine Maintzische Statt kommen, in der Vorstatt in der Sonne prandiret, den Pasß Vnterschreiben lassen, der H. von Knebel ist Amtmann im Schloß, hat einen Graben, Statt Maur Vnd Schloß; Abends bin ich kommen, biß nach Eichebühl, so sehr im Thal lieget.

Den 4. Augusti: bin ich früh ausgereist, Vff kleine Haibach durch Mildeberg, weiter Vff Lauterbach biß nach Trenfurth, daselbst Mittag gehalten, nachgehent Vff das Stättlein Werth, Obernburg, großen Walstatt, biß nach Großostheim Vnd Bobenhaußen gereist, daselbst im guldenen Engel pernoctiret, alwo die Verwittibte Fürstin von Birkenfelß ihre Residentz hat.

Den 5. Augusti: Bin ich zu Frankfurth gegen 12. Vhr in der Roßen Vff der Zeil Mittags ankommen, Vnd Abends spath in Darmstatt, mich im guldenen Löwen einlogirt, meine Ankunfft an gehörigen Orthen Vnterthänigst anzeigen lassen, Vnd dem aller Höchsten Gott Vor seine Vätterliche Güte Vnd Beschützung inbrünstig gedanket.

Dem seye auch Lob, Preiß, Ehr
Vnd Dank gesaget, Von Ewigkeit
Zu Ewigkeit! Amen.

Beilagen.

1.) Durchleuchtigste Hertzogin!

Gnädigste Landsfürstin vnd Regentin etc. Euer Hochfürstl. Durchl. kann in vnterthänigstem Gehorsamb zu advisiren nicht vmbhin, nachdem gestern vnd heut Ein vnbeschreiblicher Jammer wegen sengen vndt brennen in der Kayserl. Residentz Wien entstanden, hab ich gestern früh meinen Diener mit Einigen Euer Hochfürstl. Durchl. concernirenden Acten vnd Lehenbrieffen voran, mit zufälliger Gelegenheit, nacher Regenspurg geschicket, weiln der Kayserl. Reichs Hof Rath noch nicht geschloßen geweßen, vnd ich also biß zu dessen Endigung warten müssen, vmb zu observiren, ob etwa jchtwaß praejudicirliches vorkommen möchte.

Gestern nachmittag aber kompt leyder! die schlechte Zeytung durch einige Obristen von der Armée an den Kayser selbsten, daß die Infanterie von der Cavallerie separirt, vnd diße fast vfs Haupt geschlagen, jene aber gantz eingeschlossen seye, dahero entstanden, daß 2 meil von Wien zur Schwächet vnd Fischbeck schon alles in Brand gestecket, zerheeret vnd zerstehret, so gar, daß man auch den schweffel vnd feuer schon vor dem Thor zu Wien hat spühren können; vber diße Traurige Post ist die Statt in ein solchen allarme gerathen, daß alle Gassen mit Pakwagen vnd Reuthern erfüllet, bey Ihrer Kays. Mt. geheimer Rath gehalten vnd in höchster Eil befohlen worden, daß alle Hartschierer vnd Trabanten, wie auch alle Kays. Wagen vnd Pferde in bereitschafft stehen solten, welches dann (absonderlich da vf allen Posten der Thoren die Wacht verdoppelt vnd 2 schildwachten, vff jeder Seiten eine, gestellet worden) einen sonderlichen Schrecken bey denen Inwohnern veruhrsachet, so gar, daß vnterm weynen vnd lamentiren diejenige aus den vorstätten nicht gnugsam flüchten vnd Ihre mobilien in die Statt salviren können, viele habens nur vors Thor gelegt, vnd das übrige vollents geholet, vmb so viel möglich in Sicherheit zu bringen, dißes alles wurde vergrößert, Indem Ihre Kays. Mt. den Burgemeister zu Wien 2 mahl zu sich kommen lassen, Ihme das Stattweßen recommendirend, darauf sich, wiewohl mit nicht wenig betrübtem gemüthe, Ihre Kayserl. Mt. Eilends gegen 8 vhr Abends, nebst dero Kayserl. Gemahlin, Printzen vnd Prinzessinnen, von dar auß Wien gemacht, dero Kayserl. Residentz den 27. Jun. st. v. am Irenei Abend verlassen, vnd sich ins Reich salviret, dero alßbald der verwittibten Kayserin Mt. gefolget, vnd nach dießen die völlige Hofstatt; alß Ihre Kayserl. Mt. von hier abgereißet, ist der Burgkplatz so voller Leuthe, vnd fast jedermann weynend geweßen, von der Stund an ist jeglicher, der nur Pferde gehabt, embsig zum aufpacken vnd fortreißen gestanden, so daß ein starck beladener wagen nach dem andern biß vmb 10 vnd halb 11 vhr dem rothen Thurn hinaus geeilet, welche nun keine Pferde selbst gehabt, musten betrübt zurücke bleiben, mag alßo wohl heißen: Deine Priester werden dich dem Thor hinaus predigen etc. Heute hab mit dem H. Residenten Schrimpffen mich in Eil vff die Reiße, weiln die Noth gar zu groß vorhanden, begeben, die beste Sachen, so E. H. Dchl. concerniren, menschmöglichst salvirt, das übrige aber von meinen Kleidern vnd sonsten zurücklassen müssen, bin jetzt hier 2 meil von Wien zu Burckersdorff (wordurch auch, wie ich höre, Ihre Kayserl. Mt. gestern in der Nacht durchgereist ist vff S. Pölten) einlogirt, vnd in procinctu ferner fort nach Enß vnd Regenspurg zu reißen, vnd bey der nechsten Post ausführlichen Bericht vnt. erstatten. Anbey E. Hochf. Dchl. sambt dero gantzes Hochfstl. Hauße der Allmacht Gottes Treulichst vnd zu beharlichen Hochfürstl. Hulden mich vnterthänigst empfelen.

Burckersdorff im Wirthshauß zum Adler den 28. Jun. st. v. 1683.

Euer Hochfürstl. Drchlcht.

vnterthänigst Treugehorsamst
verpflichtester Diner
Justus Eberhard Passer.

II.) Durchleuchtigste Hertzogin!

Gnädigste Landsfürstin und Regentin etc. E. F. D. werden gdst. geruhet haben, aus meinem den 28. Juny st. v. auf der ordinari Post zu Burckersdorff in der Flucht vnterthänigst fortgeschickten Bericht sich den Traurigen Zustand in Wien gehorsamst referiren zu lassen, waßgestalten nemblich die Tartarn vnd anderes zusammen rottirtes Gesindel sich der Statt so weit genahet, daß sie Pruck an der Leyta geplündert, abgebrand, vnd vf hundert Junge Persohnen zusammen gekoppelt wie das vieh, vnd in die ewige gefängniß geführt, wie auch am 27. Jun. st. v. zwey meil von Wien die Fischet, Schwächet, Neusidel vnd andere Dörffer gesengt vnd verbrent, von dar weiter fortgefahren, daß man den schweffel vnd feur vor Wien schon gerochen, darzu noch kommen, daß die Kayserl. Cavallerie von der Türckischen Macht angegriffen, vnd, weil die Infanterie in der Insul Schütt eingeschlossen nicht zu Hülffe kommen können, der linke flügel dergestalt geschlagen worden, daß die Kayserl. das feld verlohren vnd zurück weichen müssen, daß nunmehr die Kayserl. Armada etwa nur in 15000 Mann annoch bestehen mag, welche vnglückliche rencontre in Wien einen so großen Schrecken veruhrsachet, daß die beede regierende Kayserl. Mt. Mt. sambt Printzen vnd Prinzessinnen mit nicht wenig betrübtem Gemüthe, wie ich selbst gesehen, wie auch der verwittibten Kayserin Mt. aus der Statt (nachdem solche zuforderst Burgemeistern vnd Rath mit weinenden Augen anbefohlen worden) zwischen 8 vnd 9 Abends geeylet, vnd die Rosse, waß sie nur vermocht, lauffen lassen, sind vmb 1 vhr in der Nacht zu Closter Neuburg ankommen, Ihre K. Mt. haben gar nicht geschlaffen, sondern sich nur ein wenig vff eine matratzen vnd hauptküssen gelegt, hernacher am Fenster gestanden, vnd vmb 3 vhr Eilends wider fort marchiret, weiln Zeitung kommen, daß mann vmb dieselbe Gegend auch schon Feuer brennend sehe, sind kommen durch Stökerau vff Grembß, von dar haben I. I. I. K. Mt. Mt. Mt. sich über die Donau auff Enß zu begeben, vnd die beede regirende Mt. Mt. den Sambstag zu Melck in dem reichen Closter (alwo selbst Selbige, als ich in der sambstags vnd Sontags Nacht vmb 12 vhr vff der Post durchgeritten, angetroffen) ausgeruhet, der verwittibten Kayserin Mt. aber zu Amstätten still gelegen, vnd gestern Mittags hier in Enß ankommen, in deß Landhauptmans Schloß prandirt, vnd Abends vf St. Florian fortgereist. Die regierende Kays. Mt. Mt. aber sind gestern Abends zwischen 7 vnd 8 vhr hier arriviret, werden heute biß nacher Linß reißen. Im übrigen folgen auß Wien verschiedene Zeitungen, daß (weiln die gefahr so groß, die Tartaren Ihr läger schon zu Peternell aufgeschlagen, Laxenburg, Wimpassing, Wampersdorff vnd andere dörffer mehr abgebrand, der Türke 200 Canonen mit sich führe) die Vorstätte vor Wien mit gantzem Ernst abgebrochen vnd in die Lufft gesprengt würden, wer ietzund noch in Wien seye eingespert, müße samt allen seinen mobilien subsistiren, vnd würden per force zum schantzen angetrieben, en regard, daß die baurn, alß der Kayser die Statt verlassen, alle vom schantzen zu den Ihrigen geloffen, in die Statt laße mann Jede Manß Persohn, aber nicht wider herauß. Alß ich am verwichenen Mitwochen das grose betrübte Flüchten von 8 vhr an biß in die Tieffe Nacht mit Augen ansahe, da viele nur wie sie standen vnd gangen dem Thor zu Fuß hinaus geeylet, alles zurück lassende, vmb nurent Ihren Leib zu salviren vor der Türkischen Tyrranney, dann kein anderes facit zu machen geweßen, alß daß die Tartarn die Statt Wien einbekommen würden, sintemahlen kein stück vfm Wall geweßen, keine soldatesca, alß nur die Statt guarnison in der Statt gelegen, die große furcht vnd schrecken schon vnter der Burgerschafft, alßo fast alles in confusion geweßen, wie dann auch die außtrückliche Rede damahls lieffe, es würden die Tartaren den folgenden Abend vor Wien stehen; So hab ich mich auch zur reiße in Eile geschiket, E. F. D. Acten, Lehenbrieff vnd anderes eingepackt, das vbrige all nebst dem weisen Zeuch im stich gelassen, vnd den Donnerstag drauf fortgangen, da dann schon alle Thor geschlossen vnd nur auß Einem Thor, welches sehr starck bewachet wurde, nicht jederman aus vnd ein, alßo sehr difficulter gelassen worden, vnterwegens habe observirt, daß 12 meil weg langs die vnterthanen von Hauß vnd Hof geflüchtet, Ihr vieh in die dike wälder retiriret, die Häußer leer, die Früchte vfm Feld stehen, waß schon geschnitten, liegen gelassen, vnd alßo das Ihrige mit dem rüken betrübt angesehen haben, wer kein proviant aus der Statt mit sich genommen, hat nichts zu essen bekommen, Fuhren vnd Pferde haben mit doppeltem Geld vnd den besten worten bezahlt werden müssen, vnd ist dißmahln die flucht betrübter vnd beschwerlicher geweßen, alß vormahln in der Pest Zeit. Alß am verwichenen Freytag etlich Jesuiter (wie dann deren über hundert nach vnd nach vff der straßen zu fuß angetroffen worden) zwischen Pörßling vnd St. Pölten bey Einem wald vorbey gangen, sind sie von denen Bauern so übel tractirt worden, daß einer von Ihnen gestorben, vier andere vfm Tod liegen, etliche noch darvon gehen können, davon ich einen zu St. Pölten

gesprochen, die vhrsach seye gewesen, daß gedachte Bauern sie sehr gescholten vnd gesagt: Sie Jesuiten seyen vhrsach an all Ihrem vnglück, flucht vnd Armuth, wie sie sich nun verantworten wollen, hetten die Bauren alßbald drauf geschlagen; nunmehr verkleyden sich die meiste Jesuiten in weltliche Kleider, dann wo mann Sie reißen siehet, rufft Ihnen der gemeine Pöfel nach: Da gehen die vhrheber! die solte mann in der Statt behalten, vnd Mußketen vff die Achßel gegeben haben; Im übrigen erzeigt sich das volck ziemlich schwührig, daß es so viel gelt zum Türcken Krieg contribuiren vnd doch jetzund von Hauß vnd Hof fliehen müssen; wofern der Baursman nicht bald wider zu Hauß vnd Hof getrieben wird, dörffte das jetzige getrayd in die rappuß gehen, aufs künfftige Jahr nichts angebaut werden, alßo eine Theurung vnd Hungers Noth entstehen; In Wien begint schon Mangl an fleisch anzugehn, sintemahl der Ochsenhändler Triangel abermahl fallirt, vnd der vngarische Ochsenhandel ohne dem, bey jetzigem Zustande, abgeschaffet ist. Zu vnterhaltung der Kayserl. Hofstatt sind 200 noch im vorrath geweste vngarische Ochsen zugetrieben; viele große Herrn haben Ihre Hofstatt etwaß gemindert. Zu betrauren ists, daß der gütige, fromme vnd löbliche milde Kayser, auß vntreu ein vnd anderer loßen diener, in so vielfaltige troublen gerathen muß. Gott weiß jedoch zu helffen, damit nicht etwa das gute Wien zu einer Gräntz Statt gemacht werde. Kurtz vor obgedachter allarme ist durch den General Kapliers die vngarische Cron (die sonsten gar starck zu Preßburg verwahret wird) mit gewißer manier bekommen vnd von Preßburg nacher Wien Ihrer Kayserl. Mt. überbracht worden. Hier zu Enß haben die vnterthanen vnd das Bekische halbe Regiment auch gestern angefangen zu schantzen. Weiln noch ungewiß ist, wo Ihre Kays. Mt. subsistiren vnd wann der Reichs Hof Rath seinen Anfang nehmen werde, so stehe jetzt in procinctu nacher Lintz vnd ferner biß Regenspurg zu reißen, alda gdste. ordre vnterthänigst erwartend. Thue Euer Hochfürstl. Durchl. sambt dero gantzes Hochfürstl. Hauße etc.
Enß in Eil den 3/13. Julij 1683.
    Euer Hochfürstl. Durchl.
       vnterthänigst Treugehorsamst
        verpflichtester Diener
        Justus Eberhard Passer.

Eben jetzt vmb 9 vhr vormittag reißen I. I. K. K. Mt. Mt. auß Enß nacher Linß.

III.) Durchleuchtigste Hertzogin!
Gnädigste Landsfürstin und Regentin. E. Hochf. Dchl. Thue ich vnterthänigst advisiren, daß ich gestern Mittags von Enß aufgebrochen vnd Abends alhir zu Lintz ankommen vnd beym Wallischen Kaufmann Schardan einlogiret bin, erwartend mit nechster Gelegenheit, welche jetzund überaus beklemm, weiter biß nach Regenspurg zu Wasser oder Land zu gehen.

Alß am Mitwochen Abends das Geschrey anhero kommen, ob sengten vnd brenten die Tartarn albereit übern Wiener Wald gar biß nach St. Pölten dergestalt, daß sie auch die Statt Pölten albereit in Brand gestecket hetten, haben Ihre Kays. Mt. sich alßobald aufgemacht, vnd gestern früh gegen 4 vhr mit dero gantzen Hofstatt sich nacher Welß begeben, welches der hiesigen Burgerschafft sowohl, als derjenigen zu Enß Einen nicht geringen Schrecken vervhrsachet, dann gestern vormittag alle Thor zu Enß zugesperrt, vnd kein Mensch, er habe dann vom Obrist Lieutenant permission erlangt, auß der Statt gelaßen worden, die Stück waren aufgeführt, die Burgerschafft zu den Waffen vnd zu denen Thoren beruffen.

Derer straiffenden Tartarn sollen 5000 vnd Ihr dessin sein, dem Kayserlichen Schatz, welcher mit einer starcken convoy noch vnterwegens anhero zu reißen ist, oder der Kayserl. Mt. selbsten nachzueylen.

Alhier wirbt die Landschafft sehr starck, vnd wird die Burgerschafft ein Virtl nach dem andern, nacher Enß geschikt, umb alda, alß an Einem passe zu schantzen, worzu gestern durch offentlichen Trommelschlag vndt Versamlung vorm Rathhauß ein Anfang gemacht wurde. Von dießem Eilfertigen Flüchten werden vom Pöbel gar sonderliche schwührige Reden geführt.

Der Feind soll sein Lager nun würklich zu Peternell aufgeschlagen haben, in Wien hingegen ein Regiment von Laden- oder Krahm-Dienern, sodann von Studenten vnd andern Persohnen nebst der Burgerschafft aufgerichtet seyn, welche täglich exercirt vnd vff die Pasteyen, welche beynahe mit 400 stücken besetzet, geführet werden.

Der Zeit ist so schwehr vnd kostbahr reißen, indem alles doppel ja hoch überzahlt werden muß, daß nicht zu beschreiben; alle Schiffe, Wagen vnd Pferde werden per force zu Abführung der Kayserl. Hofstatt weggenommen; Ich hoffe jedoch etwa heute noch mit dem Kayserl. bedinten Bramern, vnd Agent Leutnern zu wasser biß

Regenspurg zu gehen, vor welchen weg der Schiffmann 153 fl. begehret gehabt, wird alßo von den Leuthen bey der Zeit nicht observiret: quod afflictis non sit addenda afflictio.

Der Hertzog von Savoyen soll noch nicht tod, aber von der Wunde sehr kranck vnd in Wien vnter der Cur sein. Die Reichs Registratur vnd andere Cantzley Acten, Schrifften vnd Documenten sind noch in Wien, weiß man alßo nicht, wann vnd wo aigentlich der R. H. Rath wird hingelegt werden. Euer Hochfürstl. Durchl. Ersuche ich vnterthänigst dieselbige in Fürstl. Gnd. geruhen, mir etwaß Reiße Geld ohnschwehr nacher Regenspurg übermachen zu lassen, nebst gdster. Ordre, ob nacher Hauß reißen oder alda verharren vnd dem Kayserl. Hof ferner nachfolgen solle. Thue anbey Euer Hochfürstl. Durchl. etc.

Lintz in Oberöstreich 6/16. Julij 1683.

Euer Hochfürstl. Durchl.

vnterthänigst treugehorsamst
verpflichtester Diner
Justus Eberhard Passer.

IV.) Durchleuchtigste Hertzogin!

Gnädigste Landsfürstin vnd Regentin etc. Obzwar bey gegenwertig höchst gemüssigter Türckenflucht ich, nebst andern, auch ein merkliches an Kleydungen, weißen Zeuch vnd Büchern zu Wien im Stich lassen müßen; So dancke jedoch dem allerhöchsten Gott, daß vor der grausamen Tartarischen tyranney Ich mich, sambt E. F. D. Acten, Lehenbriefen, vnd Einem Kleidgen glücklich salviren, vnd am verwichenen Dienstag nachmittag alhier in Regenspurg ankommen, und in der guldnen Sonnen einlogiren können.

Zwischen St. Pölten vnd Enß grieffen 3 Reuther mich vnd den Wagen an, welche jedoch, nach Einigen Wortwechßelungen vnd Darreichung einer Reuther Zehrung, auff Vorweißung deß bey mir habenden Kayserl. passes, mich mit der pagage, Gott sey Danck, ohnversehrt fortfahren ließen.

Daß Ihre Kays. Mt. mit dero gantzen Hofstatt sich wegen deß Ruffs, ob hetten die straiffenden Tartaren das reiche Closter Melck, da I. I. Mt. Mt. etliche Tage vorhero pernoctirt gehabt, auch abgebrandt, vnd gar biß nach St. Pölten gestraifft, in der früh von Lintz

Eilends wegbegeben, hat veruhrsacht, daß sich viele auß Lintz mit Ihren besten meubles anderstwohin salviret, dahero je länger je mehr die Gelegenheiten klemmer vnd zum reißen Theurer werden.

Der verwittibten Kayserin Mt. ist auf Saltzburg ins Tyrolische gereist, die beede regirende Mt. Mt. aber sind den 7. Julij st. v. Mittags zu Passau arriviret, im Bischofflichen Hof einlogirt, vnd werden von Ihren Bischoffl. Gnaden noch biß dato sambt der völligen Hof Statt in bemeltem Passau tractirt vnd frey gehalten.

Den 8. Julij kam ich auf der Donau vor Passau an, sahe Ihre Kayserl. Mt. in der St. Pauli Kirchen mit vngewöhnlichem vnd gleichsam nicht wenig betrübtem Angesichte, der gehaltenen vesper beywohnen, worbey auch war der Nuncius Apostolicus, Spanisch vnd Venetianische Ambassadeurs, sodann H. Graf von Zinzendorff, Fürst von Dietrichstein, vnd andere Kayserl. Ministri.

Bemelten Sontag ist die Wienerische Post außblieben, wie Ingleichen der ordinarie nach Wien reißende Nürnbergische bott, von deme referirt wird, daß die Tartaren Ihme Naßen vnd Ohren abgeschnitten vnd in Wien gehen lassen, dahero sein Gespahn nur biß Lintz und, wegen diser Zeitung, wider zurück, vnd nicht nach Wien gangen ist.

Den Montag, alß 9. Jul., kam H. Graf Taff, alß Courrier von Wien, nach deßen Ankunfft erschalle, daß Wien vom Türcken schon würcklich belägert, drey batterien vfgeworffen, der Schotten Hof in der Statt nebst den anliegenden Häußern in der Herrn Gaß hinauf, Item vff dem Hof biß ans burgerliche Zeughauß abgebrendt vndt 2 Brenner gefangen worden seyen, deren Einen, alß Frantzosen, deß H. Hertzogs von Lothringen Fürstl. Durchl. lebendig schinden, den andern, alß Vngarn, spissen vnd Jedermannen frey gelassen, so lang Er gelebt, mit steinen nach Ihm zu werffen.

Der Groß Vezier soll sein Zelt im Neugebäu, vnd die darin geweste Löwen, Tyger Thier, Bähren, Luchsen vnd dergleichen animalia alle zu sich genommen haben.

Die Kayserl. Infanterie ligt nunmehr würcklich in Wien, die K. Cavallerie aber hat ohnfern des Praters an der Donau bey der Fahnenstangen, umb den Pass daselbst, wo möglich, offen zu halten, ihr lager geschlagen.

Alß die Bauern vom Schantzen mit Ihren Bündeln weg vnd ein jeder zu den Seinigen nach Hauß geloffen, hat der Burgemeister von

Liebenberg, umb die Burgerschafft zum Fleiß anzuraitzen, selbst den schupkarn genommen, vnd in necessitatis casu schantzen gehollfen. Oberwehnten Montags ist zu Passau Kays. geheimer Rath gehalten, vnd anbey consultirt worden, wohin die Kayserl. Reiße aigentlich anzustellen, vnd bey herannahender der Kayserin Niederkunffts Zeit, weiln mann besorgt, Tyrol würde zu vnterhaltung 4 Kayserlicher Hofstätten in die länge nicht sufficient seyn, zu subsistiren were? Wien wird in langer Zeit keine Kayserl. Residentz mehr sein können, weiln die vorstätte, die Statt selbst, ja alle vmbliegenden Kayserl. Lusthäuser, Dorffschafften, Schlösser, ja fast ganz Niederöstreich verbrandt vnd von grund auß ruiniret ist.

Deß R. H. Rath Andlers secretarius klagte mir zu Passau, daß ged. R. H. Raths Schloss, der neue Bau genand, nebst der gantzen vorstatt vf der laymen Gruben, dabey seine Bibliothec vnd etlicher Partheyen Acten, die Er zu referiren gehabt, sambt vielen hinterlaßenen mobilien verbrand vnd durch die Tartarn ruinirt seye. Wann vnd wo der R. H. Rath wiederumb gehalten werden solle, ist der Zeit unbewußt. H. R. H. Rath Graf von Zeil ist zu Ulm, H. Andler, Schellerer vnd Nicolai zu Passau, Brünning zu Lintz, Portner zu Regenspurg, die übrige alle zerstreuet. Die R. H. Raths Agenten, alß Resident Persius zu Lintz, Resident Stoyber, Resident Schrimpff, Agent Koch zu Regenspurg, Leutner zu Passau, Fabricius vnd Leßenich zu Wien eingesperrt, alß daselbst die R. H. Registratur vnd Acten auch noch alle stehen. Waß der gemeine Pöbel vor schimpfliche reden führt vber ihr gesalbtes haupt selbsten, läst sich der Feder nicht anvertrauen, sind gantz schwürig vnd wollen nicht mehr pariren, indem sie so viel zum Türckenkrieg contribuiren müssen, vnd doch jetzt nicht geschützet würden, Inmaßen das haupt selbst auß denen Erbländern weichete, das heist: qui conscientiis dominari cupit, is capitolium Dei invadit et saepe eam, quam in terris habet, potestatem amittit.

Der Graf Serini soll zu Passau gefangen sitzen, weil Er den Kayserl. Schatz denen Tartaren soll verrathen haben vnd sich verlauten lassen, Jetzund seines Vatters Tod quovis modo zu rächen.

Der Frantzösische Envoyé Mr. Sepeville folgt dem Kayserl. Hofe sehr fleißig nach, schicket einen Courrier nach dem andern an seinen König.

Mr. Vitry soll ziemliche correspondentz in Böhmen führen, allwo die an Östreich gräntzende vnterthanen alle nach Prag vnd andere feste Plätze schon flüchten. In dießer Stunde kommen die übrige Bayrische Völcker alhier im vntern währ an, nacher Straubingen zum rendezvous ferner zu gehen, alß daselbst ich gesehen, daß die ged. Bayrische Völcker sich sehr zusammen ziehen, die Infanterie soll in 6000 Mann vnd die Cavallerie in 4000 bestehen, vnd künfftigen sambstag gemustert, sodann Montags nach Wien geschicket werden. Das Fußvolk so in Straubingen vnd denen herumbliegenden Dörffern gelegen, bestunde in frischen vnd mehrentheils alten exercirten Soldathen, Theils blau, Theils gelb mit rothen Aufschlägen neu ausgekleydet.

Der hißige Statt syndicus Wilde ist gestern per posta hir arrivirt, hat sich wegen der Kayserl. Reiße erkundigen wollen, aber zu Passau nichts gewisses erfahren können, nuhrent daß der Kayserl. Schatz anhero salvirt, Ihre Kayserl. Mt. vielleicht hier durch vff Neuburg oder Prag gehen würde, wiewohl Einige vermeynen, Ihre Mt. die Kayserin werde zu Burglengfeld, welches 4 meil von hier vnd Neuburg ist, dero Niederkunfft halten.

Der Kayserl. Plenipotentiarius, Fürst von Eichstätt, ist von hier abgereist; der H. von Görtz wiederumb zu Würtzburg arriviret. Heut bin ich fast vber eine stunde beym R. H. Rath Portner gewesen, welcher besorget, es dörffte bey gegenwärtigem betrübten Zustand in vielen Monathen kein gewißer Orth vor den R. H. Rath bestellet werden.

Oedenburg hat ihre vorige Evangelische Kirche schon alle wieder, vnd der Pfarrer Sobitsch in der großen Michaelis Kirchen, welche die Catholische denen Evangelischen ehelängst mit Gewalt wider alle geschworene verträge vnd privilegia abgenommen, die ordinari Predigen gehalten.

Euer Hochfürstl. Durchl. sambt dero gantzes Hochfürstl. Hauße der Allmacht Gottes etc.

Regenspurg den 12/22. Julij 1683.

Euer Hochfürstl. Durchl.

vnterthänigst Treugehorsamst
verpflichtester Diener
Justus Eberhard Passer.

V.) Durchleuchtigste Hertzogin!

Gnädigste Landsfürstin und Regentin. Eß ist zu beklagen, daß leyder! der Zeit nichts alß unerfreuliche Zeitungen zu erstatten sein. Alß ich vorgestern von hier nacher Straubingen verreißet umb zu vernehmen, ob der Kayserl. R. H. Rath daselbst gewiß angesetzt, die Chur Bayrische Völcker gemustert, und nacher Wien geschicket werden solten, hab ich in Erfahrung gebracht, daß zwar der R. H. Rath in die vornehme Chur Bayrische Statt Straubingen hette verlegt werden sollen, weiln aber nunmehr die Zeitung kommen, daß der Türck schon etlich mahl die Statt Wien gestürmet, und, bey beschehener Widerstehung, willens seye, obist noch einen Sturm zu versuchen, auch eher nicht abzulassen, biß Er die ged. Statt Wien erobert, deßwegen dem H. General Stahrenberg andeuten lassen, wofern Er sich mit der Statt in Güte nicht ergeben würde, Er Ihn, nach deren Überwindung, lebendig schinden lassen wolte, worauf aber der Groß Vezier die Antwort erhalten. Er es nur wagen vnd heran nahen möchte, Er solte dergestalt, wie vor Raab beschehen, mannlich repoussiret werden; dießes vnd anderes mehr, vornehmlich daß, da Wien nun völlig umbringet, und weder Brieff noch Botten heraus kommen mögen, die Reichs Registratur, originalien, vnd das gantze Römische Reich betr. Acten, bey jetzig bewandtem Zustande vnmöglich aus Wien zu bringen seyen, hette veruhrsachet, daß es biß hero noch nicht effectuiret worden, vnd Ihre Kays. Mt. resolviret, zu Passau, biß andere Zeitungen kämen, zu verharren, vnd Einige R. H. Räthe, umb Sie in publicis zu adhibiren, bey sich zu behalten.

Die Chur Bayrische Völcker sind vorgestern nicht gemustert, wie es angesetzet worden, nichts doweniger mehrentheils, außer dem Degenfeldischen Regiment, bey Einander geweßen, hab Sie vor der Statt Straubingen in einer vff beeden Seithen mit der Donau vmbschlossenen Insul, vnter Paraken vnd Zelten campirende gesehen, waren 4800 mann zu Fuß würcklich bey Einander, gantz neu mundirte frische Soldathen, Ein Regiment gelb mit rothen Aufschlägen, 2 Regimenter mit zweyerley blau, vnd rothen Aufschlägen, vnd 1 Regiment grau gekleidet, bey verschiedenen compagnien sahe mann sehr Junge officirer, welches von vielen remarquiret ward, Etliche Regimenter wurden stündlich zu Fuß noch erwartet, vnd vermeinet, die rendezvous gegen Mitwochen gehalten, vnd alßdann gegen den

Erbfeind geschicket werden solten. Die Schiffe à 60 biß 70 stunden schon alle mit ihren Bäncken an der Donau parat.

Hier ist mann in den Gedancken, ob Seye Ihre Churf. Durchl. zu Bayern gerathen worden, dero Land mit Soldathen dergestalt nicht zu entblößen, nachdemahlen der jetzt flammende Türcken Krieg nicht mit Bewilligung oder vorwissen der löblichen Reichs Stände, sondern nur auß frühzeitigem Eifer Einiger Geistlich-catholisch gesinter, zu vnterdruckung deß Königreichs Hungarn angesehen gewesen, vnd dardurch die Ottomannische Tyranney heraus gelocket seye, welche zu dämpffen nunmehr viel Christen Blut erfordern würde.

Vnterwegs erzehlte des H. R. V. Cantzlars secretarius Köpffer, daß er am kurtz verwichenen Donnerstag aus Passau gereißet, vnd die schlechte Zeitung mitbrächte, daß in Wien die Kaiserl. Burgk schon niedergeschossen, der berühmte Stephans Thurn mit stücken übel zugerichtet, die Dächer in der Statt mehrentheils abgebrochen, vnd weiln der General Stahrenberg dem Tyrannischen Wüten mit vnzehlbarem canoniren Trefflich begegnete, zu befürchten seye, es werde, dafern nicht Innerhalb wenigen wochen ein nachtrücklicher succurs komme, Ihme endlich an munition ermanglen.

Der Türck soll sein Lager vom Neugebäu auß biß nach Nußdorff, alßo gantz Wien vnd den Donau Strohm besetzet haben, der Hertzog von Lothringen hingegen mit der Kayserl. Armée sich zurück biß nach Grembß begeben haben, daß dannenhero, allem Ansehen nach, ohne verliehrung Einer großen Menge Volcks, in die Statt Wien nicht zu kommen, sondern der Feind nur starck vff zweyen Seithen von außenher anzugreiffen ist; Wiewohl die gute Statt an 3 Orthen angegriffen wird, vnd nunmehr der Solyman selbst mit noch 60000 Mann vnterwegens ist, vnd 10000 Mann bey Raab vnd in Ober Vngarn liegen läst.

Ihre Kays. Mt. liegen zu Passau kranck vnd dörffte der Kayserin Niederkunfft, bey so bewandten Umbständen, daselbst vielleicht geschehen.

Heut hat die Statt Regenspurg Ihre Soldathen gemustert, vnd bey 200 Mann zum Fahnl schwehren lassen, vmb solche zur Kays. Armée dieße Wochen noch zu schiken.

Viele Taussend seufzer werden von denen aus Wien geflüchteten gen Himmel geschiket, daß sie gleichsam gantz entblößet auß Wien vnd jetzt Ihre Sachen so ruiniren hören müssen, der schaden vnd verlust, so Ihnen albereits geschehen, ist bey vielen vnersetzlich. Der höchste Gott ändere alles zum besten. Euer Hochfürstl. Durchl. sambt Dero gantzes Hochfürstl. Hauße etc.

Regenspurg den 16/26. Julij 1683.

Euer Hochfürstl. Durchl.
vnterthänigst Treuverpflichtest
gehorsamster Diener
Justus Eberhard Passer.

VI.) Durchleuchtigste Hertzogin! Gnädigste Landsfürstin vnd Regentin. E. F. D. thue ich advisiren, daß dieße wochen durch von Lintz vnd Passau alhier Zeitungen einlauffen, daß zwar der Türck vnterschiedene Sturm vor der Statt Wien gewagt, aber alßbald 6000 Mann verlohren, vnd die übrige Sturm alle umbsonst gewagt habe; Nun habe Er zwar auf etliche Tage ein armistitium verlanget, umb die viele Todten begraben lassen zu können, weiln es Ihme aber vom Commendanten H. Graffen von Stahrenberg rotunde abgeschlagen vnd anbey durch die Menge der Todten Cörper verhindert worden, etwaß weiter zu tentiren; So hat Indeßen der Tapffere Soldath, H. Graff von Stahrenberg, dem Türcken alle seine auffgeworffene Batterien weg- vnd zu Grund schießen, hingegen in der Statt vfm Burgk Platz vnd am rothen thurn hohe Bollwerken In Eil aufwerffen lassen, auff denen er dem feind trefflichen Schaden Thun können. Mitlerweil hat der General Dunnewald sich vnter die Türckische Armée gewagt, vnd alles auß der Leopold Statt (so vor dießem die Juden Statt geweßen) mit Niedermachung vieler Tartaren vnd Türcken, par force herauß gejagt. Anjetzo soll ged. Türckische Armée 2 meil von Wien, wegen deß durch die Todten Cörper vnd heißen hundstagen veruhrsachten greulichen Gestancks s. v. weg gerücket, vnd noch Einige nur zur bloquade gelassen worden sein. Solte dießes continuiren, so würden die Reichs Acten vnd Registraturen vnter andern herausgebracht werden, gestalten bey so bewandten vmbständen der Kayserl. Reichs Hof Rath nicht nach Straubingen, sondern nach Scharding, ein Orth am Innfluß ligend, kommen dörffte.

Die Statt Regenspurg hat am Dinstag den 17. hujus Ihre Soldathen, so viel ihr quotum anlangt, gegen Mittag Im vntern werdh zu

Schiffe sitzen, vnd auff der Donau hinunter nach Wien zu führen lassen. Ihre Kays. Mt. halten sich mit dero Hofstatt noch zu Passau auf, vnd befinden sich etwaß besser.

Nachdem mir nun der hießige Kaufmann Mattheus Frentzel die 100 rthlr. außgezahlet hat, So habe mich sobald vmb Gelegenheit beworben, vnd mit Einem hießigen Landkutscher selbander biß nacher Frankfurth accordiret, in Willens, geliebts Gott, heute nachmittag mich auf die Reiße zu machen.

Vom 4. Aug. laufft hier Zeitung ein, daß die Tartaren, rebellen, Türcken vnd anderes zusammengeschlagenes Gesindel sich auff St. Pölten zu begeben, vnd selbiges eingenommen hetten, zögen je länger je mehr heraufwarts, es führete solche Einer Nahmens Ganster, welcher Eines bey denen Kayserlichen erlittenen disgousts wegen, von denen Christen ab- vnd zu denen Türcken getretten seye.

Eß sind hier alle jauff der Donau stehende Schiffe verarrestiret, umb die morgen erwartende Völcker hinunter nach Greinß zu führen.

Euer Hochfürstl. Durchl. sambt dero etc.

Regenspurg den 29. Julij 1683.

Euer Hochfürstl. Durchl.

vnterthänigst treugehorsamst
verpflichtester Diener
Justus Eberhard Passer.